Cursus Brevis

Systematische Begleitgrammatik

Herausgegeben von Dr. Gerhard Fink und Prof. Dr. Friedrich Maier

Verfasst von Prof. Dr. Friedrich Maier
unter Mitarbeit von Dieter Belde, Dr. Gerhard Fink, Prof. Andreas Fritsch,
Hartmut Grosser, Rudolf Hotz, Wolfgang Matheus, Andreas Müller,
Peter Petersen, Hans-Dietrich Unger, Andrea Wilhelm

Berater: Dr. Karl Bayer

C.C. Buchner | Lindauer | Oldenbourg

Cursus Brevis – Unterrichtswerk für Latein
herausgegeben von Dr. Gerhard Fink und Prof. Dr. Friedrich Maier
und bearbeitet von
Dieter Belde, Dr. Gerhard Fink, Prof. Andreas Fritsch, Hartmut Grosser, Rudolf Hotz,
Prof. Dr. Friedrich Maier, Wolfgang Matheus, Andreas Müller, Peter Petersen,
Hans-Dietrich Unger, Andrea Wilhelm
Berater: Dr. Karl Bayer

Redaktion: Andrea Forster, Amelie v. Graevenitz
Umschlagkonzept: Mendell & Oberer, München
Umschlag: Lutz Siebert-Wendt, München
Technische Umsetzung: Satz + Litho Sporer KG, Augsburg

www.oldenbourg.de
www.ccbuchner.de

1. Auflage, 13. Druck 2021

Alle Drucke dieser Auflage sind inhaltlich unverändert
und können im Unterricht nebeneinander verwendet werden.

© 2000 Oldenbourg Schulbuchverlag GmbH, München
© 2018 Cornelsen Verlag GmbH, Berlin
© 2000 C.C. Buchner Verlag, Bamberg

Druck: Athesiadruck GmbH

ISBN 978-3-7661-5306-7 (C.C. Buchner Verlag)
     978-3-87488-606-2 (J. Lindauer Verlag)
     978-3-637-87695-8 (Oldenbourg Schulbuchverlag)

PEFC zertifiziert
Dieses Produkt stammt aus nachhaltig
bewirtschafteten Wäldern und kontrollierten
Quellen.

PEFC
PEFC/18-31-166

www.pefc.de

Inhalt

B   Lehre vom Satz   16 – 20

C   Lehre vom Text   L 16 – 20

Anhang

Arbeitsanleitung

Die **Systematische Begleitgrammatik** verfolgt zwei Ziele:
1. Sie **begleitet die Stoffdurchnahme** in den einzelnen Lektionen des Text- und Übungsbandes.
2. Zugleich bietet sie den **Grammatikstoff in einem überschaubaren System** an.

Zu diesem Zweck sind die 20 Lektionen des Lehrwerkes, die den Grammatikstoff bieten, zu **vier Blöcken (I, II, III, IV)** zusammengefasst. In ihnen ist der jeweils in **5 Lektionen** behandelte Stoff in eine systematische Ordnung gebracht, und zwar aufgeteilt in drei Bereiche:

A Lehre vom Wort

B Lehre vom Satz

C Lehre vom Text

Das Besondere an diesem Darstellungsprinzip ist, dass der zu einer Lektion gehörende Grammatikstoff (Formenlehre, Syntax) innerhalb des jeweiligen Blocks an der entsprechenden Stelle des Systems zu finden ist. Die zu einer Lektion gehörenden Stoffteile sind durch Markierungen in der Kopfzeile und am Rand jeder Seite gekennzeichnet. Dadurch wird von Anfang an das System der Grammatik verdeutlicht und die Einzelerscheinungen können sofort als Teile einer größeren umfassenden Einheit begriffen werden. Dies erleichtert das Lernen.

A Die Lehre vom Wort bietet in Kurzfassung die **Formenlehre**. Dabei wird zunächst die Bildung der Formen des Verbs und des Nomens erklärt und dann ihr **Ordnungssystem** (Konjugation/Deklination) in übersichtlichen Lernkästen vorgestellt.

B Die Lehre vom Satz zeigt die **Elemente des Satzaufbaus** in kurzen Sätzen und erklärt sie. Sie werden dann im **Ordnungsrahmen eines Satzmodells** veranschaulicht. Dadurch wird begreifbar, welche **Aufgabe im Satz (syntaktische Funktion)** eine sprachliche Erscheinung hat.

C Die Lehre vom Text stellt in einfacher Weise einige wichtige Bedingungen dar, unter denen durch die **Kombination von Sätzen ein Text** zustande kommt, also ein **Textzusammenhang** hergestellt wird. Sie beschreibt die **verschiedenen Textsorten** und verdeutlicht **typisch lateinische Möglichkeiten** der Satzabfolge, von denen Texte bestimmt sein können.

Die **Systematische Begleitgrammatik** enthält eine **Einführung** in die deutsche und lateinische Grammatik und ihre Begrifflichkeit und stellt vom Deutschen her die Ordnungsraster des Satzaufbaus (Satzmodell) sowie des Textzusammenhangs (Textkohärenz) vor.

Der **Anhang** bringt Tabellen zur Formenlehre des Nomens und des Verbs, Stammformenlisten sowie Übersichten über Präpositionen und alle wichtigen syntaktischen Funktionen und Füllungsarten.

Die **Systematische Begleitgrammatik** ist einerseits ein auf das Lehrbuch hin ausgerichtetes **grammatisches Einführungs- und Arbeitsbuch**, andererseits ist sie aber auch als **Nachschlagewerk** für die häusliche Arbeit und für Wiederholungen gedacht.

Die **Nachschlagearbeit** wird zusätzlich durch ein ausführliches Inhaltsverzeichnis am Anfang und durch ein Sachverzeichnis am Ende erleichtert.

Einführung

Latein war – auch nach dem Untergang des Römischen Reiches – vom Mittelalter bis in die Neuzeit „die internationale Sprache" der gelehrten Welt. Die am Lateinischen entwickelte Lehre von der Sprache, die Grammatik, dient noch heute dazu, viele „lebende" Sprachen zu beschreiben, und die lateinische Sprache liefert die Begriffe dazu.

Die **Grammatik** beschäftigt sich mit dem **Wort**, mit dem **Satz** und mit dem **Text**; sprachliche Äußerungen entstehen nämlich im Allgemeinen dadurch, dass einzelne Wörter beim Sprechen oder Schreiben nach bestimmten Regeln zu Sätzen zusammengefügt und diese wiederum durch bestimmte Elemente zu Texten „verbunden" werden.

Wort

In der lateinischen Sprache gibt es veränderliche und unveränderliche Wörter. Veränderlich sind Nomina und Verben, unveränderlich sind Partikeln.

Das Verändern von Nomina nennt man **deklinieren**, das Verändern von Verben **konjugieren**.

Im Einzelnen unterscheidet man folgende **Wortarten**:

			Latein	Deutsch
W	**1 Veränderliche Wörter**			
	1.1 Deklinierbare Wörter			
	Substantiv	Namen-/Hauptwort	pater	Vater
	Adjektiv	Eigenschaftswort	longus	lang
	Artikel	Geschlechtswort	–	der/die/das ein/eine/ein(es)
	Pronomen	Fürwort	eum	ihn
	Numerale	Zahlwort	duo	zwei
	1.2 Konjugierbare Wörter			
	Verb	Tätigkeits-/Zeitwort	salūtāre	(be)grüßen
W	**2 Unveränderliche Wörter**			
	Präposition	Verhältniswort	ex	aus
	Adverb	Umstandswort	hodiē	heute
	Konjunktion	beiordnendes Bindewort	et	und
	Subjunktion	unterordnendes Bindewort	sĭ	wenn
	Interjektion	Ausrufewort	ā!	ach! ah!
	Negation	Verneinungswort	nōn	nicht

Zum Bau der veränderlichen Wörter

Nomen und **Verb** bestehen aus je zwei Bestandteilen, dem **Bedeutungsteil** und dem **Signalteil**.

Am **Bedeutungsteil** erkennt man, was das Wort **bedeutet**.

Am **Signalteil** erkennt man, in welche verschiedenen Richtungen das Wort in einem Satz **wirkt**:

1. Beim **Nomen** erkennt man am **Kasus-Zeichen** den **Kasus** (Fall: **Nominativ/Genitiv/Dativ/ Akkusativ/Ablativ**) und den **Numerus** (Zahl: **Singular/ Plural**).

Bedeutungsteil	Signalteil		
	Kenn-vokal	*Binde-vokal*	Kasus-Zeichen
amīc	ō		s
amōr		*e*	m

2. Beim **Verb** erkennt man
am **Person-Zeichen** die **Person** und den **Numerus** (Zahl: **Singular / Plural**)
sowie das **Genus verbi (Aktiv / Passiv)**,
am **Tempus-Zeichen** das **Tempus** (Zeit),
am **Modus-Zeichen** den **Modus** (Aussageweise).

Bedeutungsteil	Signalteil				
	Kenn-vokal	*Binde-vokal*	Modus-Zeichen	Tempus-Zeichen	Person-Zeichen
am	a				t
leg		*i*			t
am	ā			ba	t
leg		*e*	rē		tur

Der **Signalteil** beginnt in der Regel mit einem **Vokal**, der die Zugehörigkeit zu einer bestimmten Konjugationsklasse anzeigt (**Kennvokal**) oder zur Erleichterung der Aussprache dient (**Bindevokal**).

Satz

Die verschiedenen Wortarten werden innerhalb des **Satzes** dazu verwendet, eine Aussage zu formulieren. Sie erfüllen im „Bau des Satzes" eine **syntaktische**[1] **Funktion** (Aufgabe), und zwar als:

1. **Subjekt** (Satzgegenstand)
2. **Prädikat** (Satzaussage)
3. **Objekt** (Satzergänzung)
4. **Adverbiale** (Umstandsbestimmung)
5. **Attribut** (Beifügung)

Satzmodell

Der **lateinische Satz** zeichnet sich durch eine klare Struktur aus. In ihm gibt es streng voneinander zu unterscheidende **Positionen**, die wir in einem *Satzmodell* veranschaulichen können; an diesem wird zugleich das Wesen des Satzes, wie er sich in vielen anderen Sprachen darstellt, deutlich. Dies ist umso eher möglich, als das Lateinische nicht mehr gesprochen wird und sich die Merkmale seines Satzbaus nicht mehr verändern können.

---

1) Die Lehre vom Satz wird als *Syntax* bezeichnet.

S1 Alle sprachlichen Erscheinungen, die uns begegnen werden, lassen sich an einer der im Satzmodell aufgezeichneten **fünf Positionen** einordnen, wo sie den **Gesamtsinn des Satzes mitbestimmen**. Diese Positionen sind nicht starr festgelegt, sondern, je nach Betonung und Absicht des Sprechenden, **vertauschbar**. Das Satzmodell soll helfen stets die Übersicht über das im Grammatikunterricht Gelernte zu behalten und beim Übersetzen aus dem Lateinischen alle Einzelerscheinungen im Blick auf das Gesamtgefüge eines Satzes zu erfassen.

S2 *Satzmodell:*

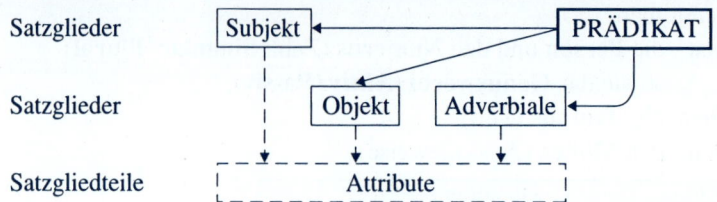

Diese fünf Positionen können in einem Satz durch **unterschiedliche Wortarten** und **Wortverbindungen gefüllt** sein; diese **erfüllen** dann die jeweilige **syntaktische Funktion**.

Satzglieder: Subjekt – Prädikat

Jeder Satz enthält eine Aussage über einen bestimmten Sachverhalt.
Nach den Baugesetzen der lateinischen wie der deutschen Sprache wirken hierzu als „Grundpfeiler" des Satzes in der Regel **zwei Wörter** von verschiedener Art zusammen:

S3 Ein **Nomen** als **Subjekt**.
Dieses Nomen kann sein ein:

Substantiv	Pronomen
Adjektiv	Numerale

S4 Ein **Verb** als Träger des **Prädikats**.

S5 **Subjekt** und **Prädikat** bilden oft schon allein einen **vollständigen Satz** mit einer sinnvollen Aussage; dies hängt von der **Valenz** (Wertigkeit) des Verbs ab, d.h. von seiner Fähigkeit bestimmte Satzpositionen zu eröffnen. Der Satz besteht dann aus **zwei Satzgliedern**.

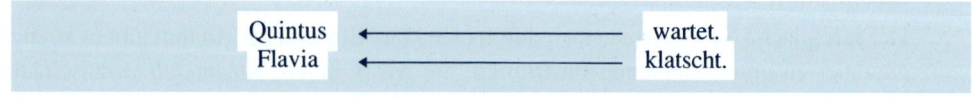

Satzglieder: Objekt – Adverbiale

In den meisten Fällen treten zum „einfachen" Satz (Subjekt – Prädikat) ergänzende Satzglieder hinzu.

S6 Viele **Verben** erfordern, wenn sie als Prädikat im Satz verwendet werden, aufgrund ihrer Bedeutung eine **Ergänzung**; erst dann wird die Aussage des Satzes vollständig.

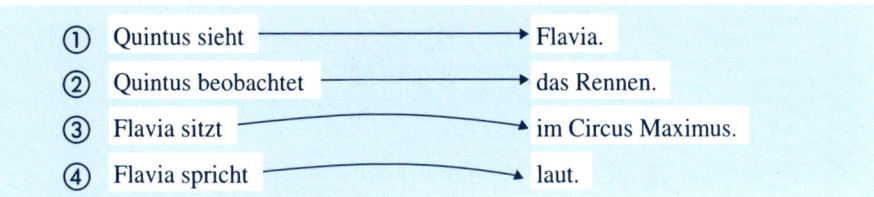

Solche Ergänzungen können also sein:
① ② das **Objekt** (oft ein Nomen),
③ ④ das **Adverbiale** (meist eine präpositionale Verbindung oder ein Adverb).

S7 Oft erscheinen die Satzglieder Objekt und Adverbiale gemeinsam im Satz.

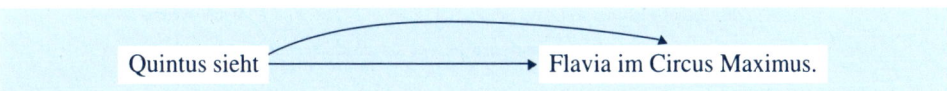

Erweiterungen durch Satzgliedteile: Attribute

S8 Zu den Satzgliedern können **Erweiterungen** treten, die zwar das, was der Sprechende im jeweiligen Satz ausdrücken will, entscheidend mitbestimmen, aber nicht als tragende Elemente des Satzes auftreten. Sie sind den Satzgliedern nur beigefügt: **Attribute**.

Der *verliebte* Quintus sieht die *hübsche* Flavia in der Hauptrennbahn *der Stadt*.

Satzmodell:

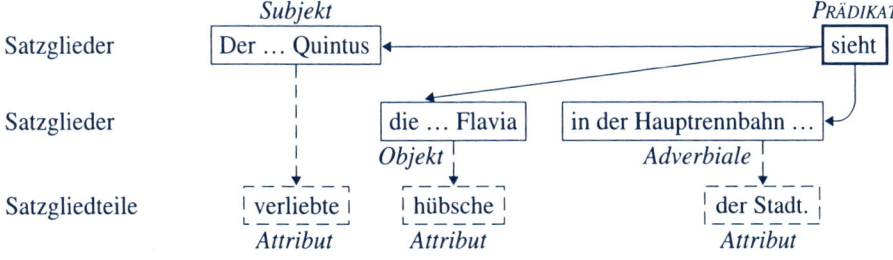

Sätze sind in der Regel miteinander zu einem Text verbunden.

Diese innere Verbundenheit nennt man den **„Zusammenhang"** (die **Kohärenz**) des Textes.

T1 Der Zusammenhang des Textes wird durch verschiedene sprachliche Elemente erreicht.
Textbeispiel:

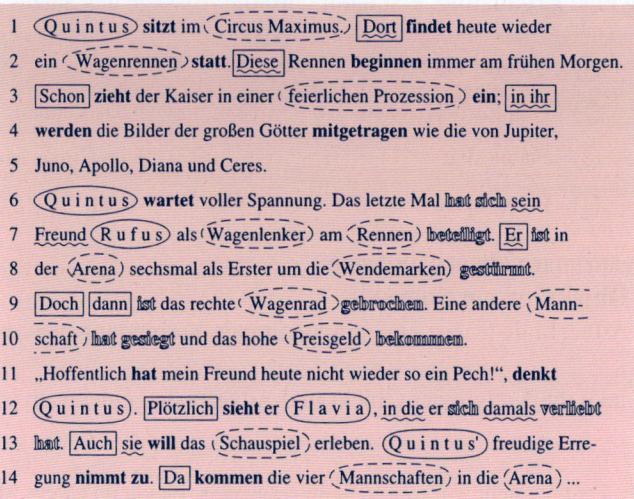

1 Quintus sitzt im Circus Maximus. Dort findet heute wieder
2 ein Wagenrennen statt. Diese Rennen beginnen immer am frühen Morgen.
3 Schon zieht der Kaiser in einer feierlichen Prozession ein; in ihr
4 werden die Bilder der großen Götter mitgetragen wie die von Jupiter,
5 Juno, Apollo, Diana und Ceres.
6 Quintus wartet voller Spannung. Das letzte Mal hat sich sein
7 Freund Rufus als Wagenlenker am Rennen beteiligt. Er ist in
8 der Arena sechsmal als Erster um die Wendemarken gestürmt.
9 Doch dann ist das rechte Wagenrad gebrochen. Eine andere Mann-
10 schaft hat gesiegt und das hohe Preisgeld bekommen.
11 „Hoffentlich hat mein Freund heute nicht wieder so ein Pech!", denkt
12 Quintus. Plötzlich sieht er Flavia, in die er sich damals verliebt
13 hat. Auch sie will das Schauspiel erleben. Quintus' freudige Erre-
14 gung nimmt zu. Da kommen die vier Mannschaften in die Arena ...

T2 In diesem Text sind die Wörter, die den **Zusammenhang** (die **Kohärenz**) bewirken, jeweils verschieden markiert.

Solche textaufbauende Elemente sind besonders:

1. **Konnektoren** („Satzverbinder"): Wörter, vor allem Konjunktionen, Adverbien, Pronomina, die die Sätze in eine innere, (vor allem) logische Verbindung zueinander bringen:
   dort (1), diese (2), schon (3), in ihr (3), er (7), doch dann (9), plötzlich (12), auch (13), da (14);

2. **Personen-Verteilung**: Personen, die an dem im Text erfassten Geschehen beteiligt sind und durch deren Rolle und wechselseitige Einwirkung die Handlung vorangetrieben wird:
   Quintus (1), Quintus (6), Rufus (7), Quintus (12), Flavia (12), Quintus (13);

3. **Zeiten-Verwendung**: die verwendeten Zeiten (Tempora), die dem dargestellten Geschehen ein bestimmtes Gepräge geben, wobei ein **Geschehensvordergrund** (hier: Präsens) und ein **Geschehenshintergrund** (hier: Perfekt) unterschieden werden:

   sitzt (1), **findet … statt** (1/2), **beginnen** (2), **zieht … ein** (3), **werden … mitgetragen** (4), **wartet** (6), hat sich … beteiligt (6/7), ist … gestürmt (7/8), ist … gebrochen (9), hat gesiegt …, bekommen (10), **hat**, **denkt** (11), **sieht** (12), sich … verliebt hat (12/13), **will** (13), **nimmt zu, kommen** (14);

4. **Sach- oder Bedeutungsfelder**: Wörter und Wendungen, die zu einem einheitlichen Bedeutungsbereich gehören und aufgrund ihres Vorherrschens – oft als **Leitwörter** oder **Leitbegriffe** – das Thema des Textes bestimmen:

   Circus Maximus (1), Wagenrennen (2), feierlichen Prozession (3), Wagenlenker, Rennen (7), Arena, Wendemarken (8), Wagenrad, Mannschaft, Preisgeld (9/10), Schauspiel (13), Mannschaften, Arena (14);

5. **Verweiswörter**: Wörter (Nomina, Pronomina, Wortgruppen), die auf Erwähntes oder Kommendes verweisen:
   Dort (1), diese (2), in ihr (3), sein Freund (6/7), er (7), in die, damals (12), sie (13).

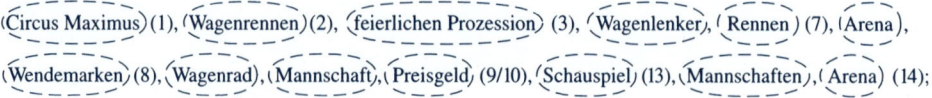

A Lehre vom Wort

1 Verb

1.1 Bestandteile des Verbs

Das lateinische Verb besteht aus einem **Bedeutungsteil** und einem **Signalteil**.

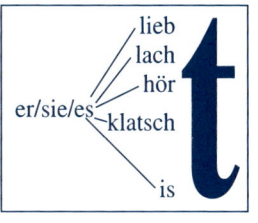

Konjugations-klassen		Bedeu-tungs-teil	Signalteil		
			Kenn-vokal	*Binde-vokal*	Person-Zeichen
amat	Vokalische Konjugationen $\nearrow \bar{a}$ $-\bar{e}$ $\searrow \bar{i}$	am	a		
ridet		rid	e		
audit		aud	i		
plaudit	Konsonantische Konjugarion	plaud		*i*	
est	Hilfsverb	es			

Präsens-Stamm

Der **Signalteil** besteht aus dem **Person-Zeichen** und anderen Elementen.
Es gibt zwei Arten von Verben:

– **Verben**, bei denen zwischen dem Bedeutungsteil und dem Person-Zeichen ein sog. **Kennvokal** steht, gehören zu einer der **Vokalischen Konjugationen**.

– **Verben**, die **keinen Kennvokal** aufweisen, gehören zur **Konsonantischen Konjugation**.
Zur Erleichterung der Aussprache ist hier zwischen dem Bedeutungsteil und dem Person-Zeichen meist ein sog. *Bindevokal* eingefügt.

Der **Bedeutungsteil** (ggf. mit Kennvokal) wird auch **Präsens-Stamm** genannt.

a) Am **Bedeutungsteil** erkennt man die **lexikalische Bedeutung** des Verbs, z. B. *am- …: lieb- …*

b) Durch den **Signalteil** sind **Person, Numerus, Tempus, Modus** und **Genus verbi** angezeigt („signalisiert"). Am **Person-Zeichen** erkennt man die **Person (1./2./3.)** sowie den **Numerus (Singular / Plural)**.
Das **Person-Zeichen** stellt selten den ganzen Signalteil dar, sondern in der Regel nur das **Ende des Signalteils**.

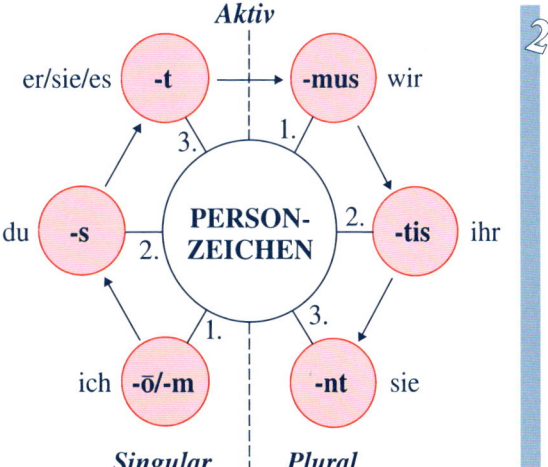

1.2 Erscheinungsformen des Verbs

a) Indikativ Präsens Aktiv

Den **Indikativ** (Wirklichkeitsform) **Präsens Aktiv** erkennt man daran, dass der Signal-
teil meist nur aus dem **Kennvokal**/*Bindevokal* und dem **Person-Zeichen** (z. B. -eō, -ēs,
-et, -ēmus, -ētis, -ent) besteht.

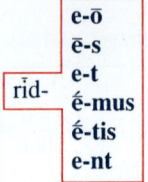

rīd-	e-ō
	ē-s
	e-t
	é-mus
	é-tis
	e-nt

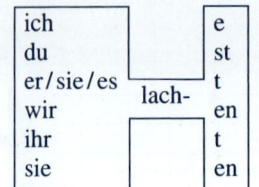

ich		e
du		st
er/sie/es	lach-	t
wir		en
ihr		t
sie		en

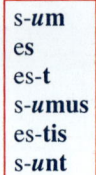

	s-*um*
	es
	es-t
	s-*umus*
	es-tis
	s-*unt*

| ich bin |
| du bist |
| er/sie/es ist |
| wir sind |
| ihr seid |
| sie sind |

▶ **Konjugationsschema**

		Lateinisch					Deutsch				
		ā-Konj.	ē-Konj.	ī-Konj.	Kons. Konj.	*esse*					
Singular	1. P.	amō	rīdeō	audiō	plaudō	sum	ich liebe	lache	höre	klatsche	bin
	2. P.	amās	rīdēs	audīs	plaudīs	es	du liebst	lachst	hörst	klatschst	bist
	3. P.	amat	rīdet	audit	plaudit	est	er/sie/es liebt	lacht	hört	klatscht	ist
Plural	1. P.	amāmus	rīdēmus	audīmus	plaúdimus	sumus	wir lieben	lachen	hören	klatschen	sind
	2. P.	amātis	rīdētis	audītis	plaúditis	estis	ihr liebt	lacht	hört	klatscht	seid
	3. P.	amant	rīdent	aúdiunt	plaudunt	sunt	sie lieben	lachen	hören	klatschen	sind

Erläuterungen: amō < *ama-o; -*u-*, -*i-*: Bindevokale; es < *es-s

b) Infinitiv Präsens Aktiv

Den **Infinitiv** (Nennform) **Präsens Aktiv** erkennt man am **Infinitiv-Zeichen -re**.

		Bedeutungsteil	Signalteil		
			Kenn-vokal	*Binde-vokal*	Infinitiv-Zeichen
amāre	Vokalische	am	ā		lieb
rīdēre	Konjugationen	rīd	ē		lach
audīre		aud	ī	**re**	hör **en**
plaúdere	Konsonantische Konjugarion	plaúd		*e*	klatsch
esse	Hilfsverb	es		**se**	sein

c) Imperativ Präsens

Den **Imperativ** (Befehlsform) **Präsens** erkennt man an folgenden Signalen:

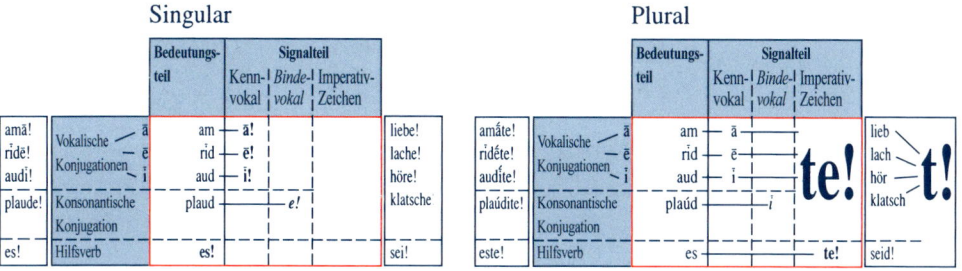

Der **Imperativ** steht in der Regel am **Satzanfang**.

d) Indikativ Imperfekt Aktiv

Den **Indikativ Imperfekt Aktiv** erkennt man am **Tempus-Zeichen -ba-**, das in den **Signalteil** des Verbs eingefügt ist.

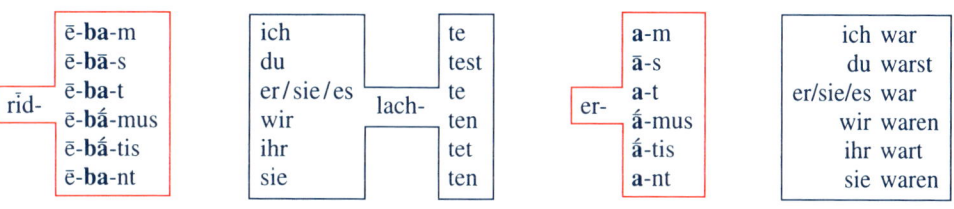

Schema aller Konjugationen ↗ *Tab. VI$_{1.1}$, S. 77*

e) Indikativ Perfekt Aktiv

Der **Bedeutungsteil** des Verbs ist im **Perfekt Aktiv meist verändert.** Dieser **veränderte Bedeutungsteil** wird **Perfekt-Aktiv-Stamm** genannt.

Den **Indikativ Perfekt Aktiv** erkennt man an den **Perfekt-Signalen**, die an den **Perfekt-Aktiv-Stamm** angefügt sind.

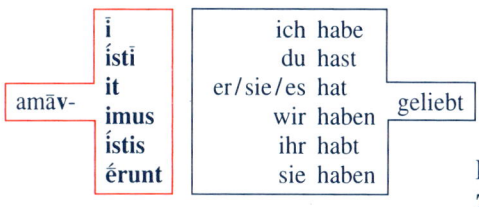

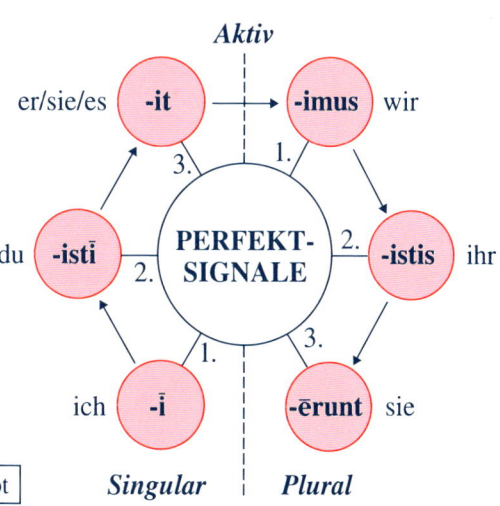

Im **Indikativ Perfekt Aktiv** sind **Tempus-Zeichen** und **Person-Zeichen** zu einer **Einheit** verschmolzen.

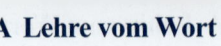
5

Infinitiv Präsens	Veränderung durch	Bedeutungs-teil	Signal-teil	
amāre	-v-	amāv		habe geliebt / liebte
tacēre	-u-	tacu		habe geschwiegen / schwieg
míttere	-s-	mīs	ī	habe geschickt / schickte
cúrrere	**Reduplikation** (Verdoppelung)	cucurr	ich	bin gelaufen / lief
venīre	**Dehnung**	vēn		bin gekommen / kam
dēscéndere	**(unverändert)**	dēscend		bin herabgestiegen / stieg herab
		fu ———— ī		ich bin gewesen / war

(amāvī, tacuī, mīsī, cucurrī, vēnī, dēscendī, fuī)

Perfekt-Aktiv-Stamm

Zur Verwendung des Perfekts im Unterschied zum Imperfekt ↗ II C 2, S. 41 f.

f) Infinitiv Perfekt Aktiv

Bedeutungsteil	Signalteil	
amāv		geliebt (zu) haben
cucurr	**isse**	gelaufen (zu) sein
fu		gewesen (zu) sein

(amāvisse, cucurrisse, fuisse)

Perfekt-Aktiv-Stamm

2 Nomen

2.1 Bestandteile des Nomens

Das **lateinische Nomen** besteht aus einem **Bedeutungsteil** und einem **Signalteil**.
Am **Akkusativ Plural** lässt sich dies deutlich zeigen.

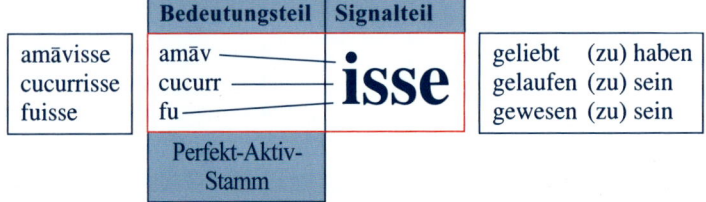

Deklinations-klassen	Bedeutungs-teil	Signalteil			
		Kenn-vokal	*Binde-vokal*	Kasus-Zeichen	
deās — Vokalische Deklinationen ⟨ ā	de	ā			(die) Göttinnen
populōs — Vokalische Deklinationen ⟨ ō	popul	ō			(die) Völker
imperātōrēs — Konsonantische Deklination	imperātōr		ē		(die) Kaiser
hominēs — Konsonantische Deklination	homin		ē	**s**	(die) Menschen
patrēs	patr		ē		(die) Väter

Der **Signalteil** besteht aus dem **Kasus-Zeichen** und anderen Elementen.

Es gibt zwei Arten von **Nomina**:
– **Nomina**, bei denen zwischen dem Bedeutungsteil und dem Kasus-Zeichen ein sog.
  Kennvokal steht, gehören zu einer der **Vokalischen Deklinationen**.
– **Nomina**, die **keinen Kennvokal** aufweisen, gehören zur **Konsonantischen Deklina-
  tion**.
  Zur Erleichterung der Aussprache ist hier zwischen dem Bedeutungsteil und dem
  Kasus-Zeichen meist ein sog. *Bindevokal* eingefügt.

2.2 Informationen aus den Bestandteilen des Nomens

a) Am **Bedeutungsteil** erkennt man die **lexikalische Bedeutung** des Nomens, z. B. *popul-*: Volk; *homin-*: Mensch.

b) Durch den **Signalteil** sind **Kasus (Nominativ/Genitiv/Dativ/Akkusativ/Ablativ)**, **Numerus (Singular/Plural)** und oft auch **Genus (Maskulinum/Femininum/Neutrum)** angezeigt („signalisiert").

▶ **Orientierungshilfe**

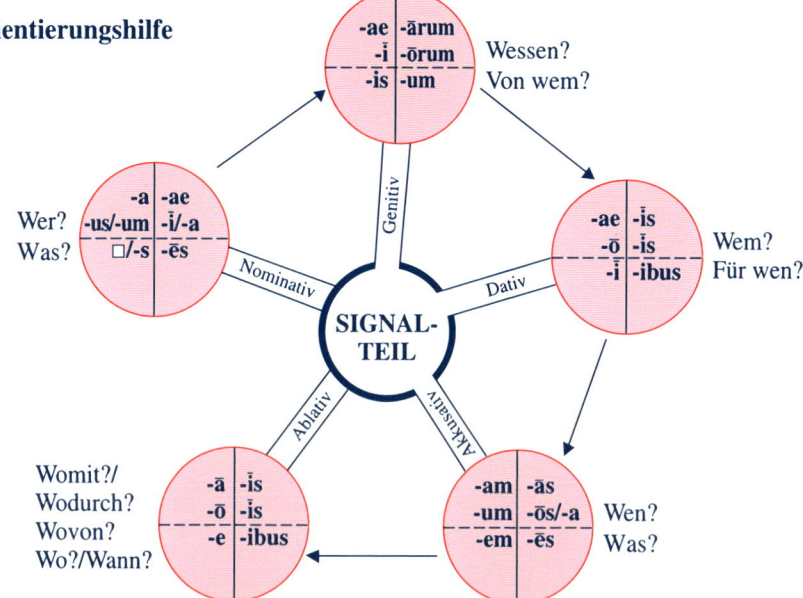

Mehrdeutige Signalteile sind:

-a:	**N./Abl. Sg.** der ā-Dekl. **N./Akk. Pl.** des Neutr. der o-Dekl.	turb**a**/pūgn**ā** templ**a**	die Menge/im Kampf (die) Tempel (N./Akk.)
-ae:	**G./D. Sg.** der ā-Dekl. **N. Pl.** der ā-Dekl.	turb**ae** pūgn**ae**	der Menge (G./D.) (die) Kämpfe
-um:	**N./Akk. Sg.** des Neutr. der o-Dekl. **Akk. Sg.** des Mask. der o-Dekl.	templ**um** de**um**	der Tempel/den Tempel (den) Gott
	G. Pl. der Kons. Dekl.	homin**um**	der Menschen
-o:	**D./Abl. Sg.** der o-Dekl.	gladi**ō**	dem Schwert/mit dem Schwert
-i:	**N. Pl.** des Mask. der o-Dekl. **G. Sg.** der o-Dekl.	de**ī** de**ī** spectācul**ī**	(die) Götter des Gottes des Schauspiels
	D. Sg. der Kons. Dekl.	homin**ī**	dem Menschen
-is:	**D./Abl. Pl.** der ā-/o-Dekl.	pūgn**īs** gladi**īs** spectācul**īs**	den Kämpfen/durch (die) Kämpfe den Schwertern/mit (den) Schwertern den Schauspielen/während der Schauspiele
	G. Sg. der Kons. Dekl.	homin**is**	des Menschen
-es:	**N./Akk. Pl.** des Mask./Fem. der Kons. Dekl.	homin**ēs**	(die) Menschen (N./Akk.)
-ibus:	**D./Abl. Pl.** der Kons. Dekl.	mōr**ibus**	den Sitten/durch (die) Sitten

2.3 Erscheinungsformen des Nomens

a) Substantiv

Substantive haben meist ein bestimmtes **Geschlecht: Maskulinum, Femininum** oder **Neutrum**.

de- us	der/ein	Gott
ī	des/eines	Gottes
ō	dem/einem	Gott
um	den/einen	Gott
(dē) ō	*über* den/einen	Gott
	von dem/einem	Gott

imperātōr- ēs	die	Kaiser
um	der	Kaiser
ibus	den	Kaisern
ēs	die	Kaiser
(dē) ibus	*über* die	Kaiser
	von den	Kaisern

▶ **Deklinationsschema**

		ā-Deklination	o-Deklination		Konsonantische Deklination	
		Femininum	Maskulinum	Neutrum	Maskulinum	
Singular	N.	dea	deus	forum	imperātor	homō
	G.	deae	deī	forī	imperātōris	hominis
	D.	deae	deō	forō	imperātōrī	hominī
	Akk.	deam	deum	forum	imperātōrem	hominem
	Abl.	(*cum*) deā	(*dē*) deō	(*in*) forō	(*ab*) imperātōre	(*ab*) homine
Plural	N.	deae	deī	fora	imperātōrēs	hominēs
	G.	deārum	deōrum	forōrum	imperātōrum	hominum
	D.	deīs	deīs	forīs	imperātōribus	hominibus
	Akk.	deās	deōs	fora	imperātōrēs	hominēs
	Abl.	(*cum*) deīs	(*dē*) deīs	(*in*) forīs	(*ab*) imperātōribus	(*ab*) hominibus

– Die **Substantive** haben eine **Anredeform**, den **Vokativ**; er entspricht in der Regel dem **Nominativ**. Nur die Substantive auf **-us** haben im Singular einen besonders gebildeten Vokativ, z. B. *Heus, Quīnte!* „Hallo, Quintus!" – *Avē, amīce!* „Sei gegrüßt, mein Freund!"
– Der **Signalteil** ist bei den Nomina des **Neutrums** im **Nominativ** und **Akkusativ** immer **gleich**.

b) Adjektiv

Adjektive erscheinen in **drei Genera: Maskulinum/Femininum/Neutrum**.
Meist sind sie zu einem **Substantiv** in Beziehung gesetzt, mit dem sie in **Kasus, Numerus** und **Genus (KNG)** übereinstimmen: **KNG-Kongruenz**.

▶ **Adjektivgruppe I**
Viele Adjektive weisen den **Signalteil** der **Substantive der ā-/o-Deklination** auf: **-us/-a/-um**. Man zählt diese Adjektive zur **Adjektivgruppe I**.
Beziehung zwischen Substantiv und Adjektiv:

①	popul**us** laet**us** ein fröhliches Volk	turba laet**a** eine fröhliche Menge	spectācul**um** laet**um** ein fröhliches Schauspiel	de**ī** laet**ī** fröhliche Götter
②	*Aber:* clām**or** laet**us** ein fröhliches Geschrei			*Aber:* homin**ēs** laet**ī** fröhliche Menschen

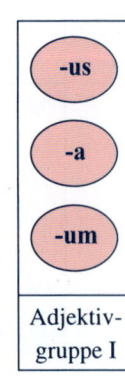

-us

-a

-um

Adjektivgruppe I

▶ **Deklinationsschema**

homō	laetus	ein fröhlicher Mensch	hominēs	laeti	fröhliche Menschen
hominis	laeti	eines fröhlichen Menschen	hominum	laetōrum	fröhlicher Menschen
homini	laetō	einem fröhlichen Menschen	hominibus	laetis	fröhlichen Menschen
hominem	laetum	einen fröhlichen Menschen	hominēs	laetōs	fröhliche Menschen
cum homine	laetō	*mit* einem fröhlichen Menschen	*cum* hominibus	laetis	*mit* fröhlichen Menschen

Deklinationsschemata ↗ *Tab. I$_{2.1}$, S. 71*

Der **Plural einiger Adjektive** kann **substantivisch** gebraucht sein:

cēteri	die Übrigen, anderen	**cuncti**	alle	**multi**	viele
cētera	das Übrige, andere	**cuncta**	alles	**multa**	vieles

c) Pronomen

▶ **Personal-Pronomen der 1. und 2. Person**

	Singular		Plural		Sngular		Plural	
	1. P	2. P.	1. P.	2. P.	1. P.	2. P.	1. P.	2. P.
N.	ego	tū	nōs	vōs	ich	du	wir	ihr
(G.	mei	tui	nostri	vestri	meiner	deiner	unser	euer)
D.	mihi	tibi	nōbis	vōbis	mir	dir	uns	euch
Akk.	mē	tē	nōs	vōs	mich	dich	uns	euch
Abl.	*dē* mē	*dē* tē	*dē* nōbis	*dē* vōbis	*über* mich	*über* dich	*über* uns	*über* euch
	mēcum	tēcum	nōbiscum	vobiscum	*mit* mir	*mit* dir	*mit* uns	*mit* euch

Die Präposition *cum* wird an den Ablativ des Personal-Pronomens angehängt, z. B. *mēcum, vōbiscum.*

▶ **Possessiv-Pronomen**

	Singular			Plural		
1. P	2. P.	3. P.		1. P.	2. P.	3. P.
meus/mea/ meum *usw.*	tuus/tua/ tuum *usw.* (↗ 2.3b)	suus/sua/ suum *usw.*		noster/nostra/ nostrum *usw.*	vester/vestra/ vestrum *usw.* (↗ II A 2.1)	suus/sua/ suum *usw.* (↗ 2.3b)

Das Possessiv-Pronomen stimmt – wie ein Adjektiv – mit dem Wort, auf das es sich bezieht, in Kasus, Numerus und Genus überein (**KNG-Kongruenz**):

amicus meus	mein Freund	patrem tuum	deinen Vater

Das **Possessiv-Pronomen** kann im Singular und Plural **substantivisch** gebraucht sein:

mea,	das Meine,	**nostri,**	die Unseren,	**suum,**	das Seine	**suōs**	seine Leute
meōrum	mein Besitz	**nostrōrum**	unsere Leute	**sui**		(laudat)	(lobt er)

▶ **Interrogativ-Pronomen QUIS?/QUID?**

	Maskulinum/Femininum		Neutrum	
N.	quis?	wer?	quid?	was?
G.	cuius?	wessen?		
D.	cui?	wem?		
Akk.	quem?	wen?	quid?	was?
Abl.	*dē* quō?	*über* wen?		
	quōcum?	*mit* wem?		

B   Lehre vom Satz

Die **zentrale Funktion** in einem Satz erfüllt das **Prädikat**. Dieses verlangt nach Ergänzungen, damit der Satz syntaktisch vollständig wird: nach den **Satzgliedern Subjekt, Objekt, Adverbiale**. Nicht immer sind alle Satzglieder notwendig. Das **Attribut** ist als **Satzgliedteil** nicht vom Prädikat gefordert.

1   Funktion der Satzglieder und der Satzgliedteile

Die Funktion der Satzglieder und der Satzgliedteile lässt sich in einem **graphischen Satzmodell** darstellen.

1.1   Subjekt – PRÄDIKAT

Subjekt und **Prädikat** stimmen immer im **Numerus** überein: **Kongruenz** ①.
Im Lateinischen kann das **Subjekt** im **Prädikat** mit ausgedrückt sein ②.

1.2   Subjekt – Objekt(e) – PRÄDIKAT

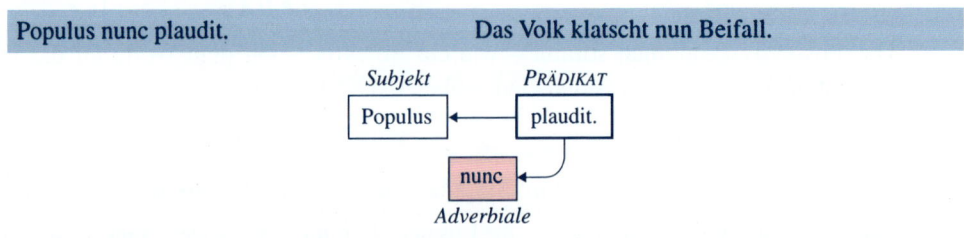

1.3   Subjekt – Adverbiale – PRÄDIKAT

Populus nunc plaudit.   Das Volk klatscht nun Beifall.

Subjekt   PRÄDIKAT
Populus   plaudit.
nunc
Adverbiale

1.4   Subjekt – Objekt – Adverbiale – PRÄDIKAT

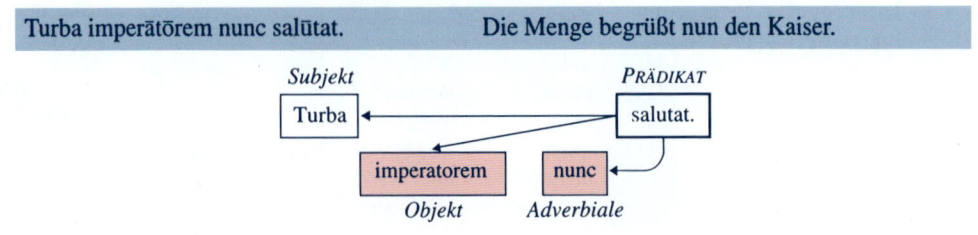

1.5 Subjekt – Attribut – PRÄDIKAT

| Māgnum spectāculum placet. | Das großartige Schauspiel gefällt. |

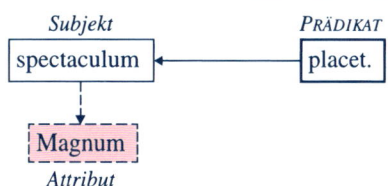

1.6 Subjekt – PRÄDIKAT (Prädikatsnomen + Copula)

| Spectāculum māgnum est. | Das Schauspiel ist großartig. |

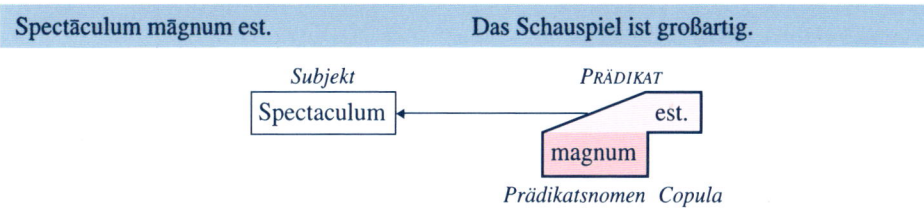

Wenn das **Prädikat** aus dem **Prädikatsnomen** und der **Copula** *esse* zusammengesetzt ist, stimmt das **Prädikatsnomen** mit dem **Subjekt** in **Kasus, Numerus** und **Genus** überein: **Kongruenz**.

1.7 Subjekt – Praedicativum – PRÄDIKAT
a) Adjektiv als Praedicativum

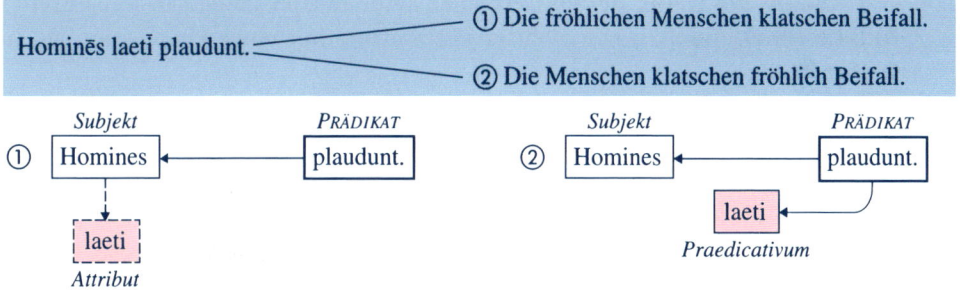

Manche Adjektive können die Aussage des Prädikats näher bestimmen, sie sind dann nicht **Attribut** ①, sondern – wegen ihrer „Nähe" zum Prädikat – „**Praedicativum**" ②:
– Es stimmt nach der Form in **Kasus, Numerus** und **Genus** mit dem Wort, auf das es sich bezieht, überein; meist ist es das **Subjekt**;
– es erfüllt die **syntaktische Funktion** des **Adverbiales**
   (sinnentsprechend: *laetī*: wobei/während sie in fröhlicher Stimmung sind).
Ob jeweils Attribut oder Praedicativum vorliegt, ist nur aus dem Textzusammenhang (Kontext) zu entscheiden.

b) Substantiv als Praedicativum

| **Homō** inter hominēs vīvō. | **Als Mensch** lebe ich unter Menschen. |

2 Kasuslehre

2.1 Der **Genitiv** ist häufig als **Attribut zu einem Substantiv** gestellt. Er drückt in der Regel eine **Zugehörigkeit** aus. Frage: WESSEN?

īra **deōrum**	der Zorn **der Götter**
misericordia **hominis**	das Mitleid **eines Menschen**
Cuius fīlius es?	**Wessen** Sohn bist du?

2.2 Der **Dativ** ist meist als **Objekt nach intransitiven Verben** verwendet. Oft drückt er aus, wem zum **Vorteil** oder **Nachteil** etwas geschieht. Frage: WEM?/FÜR WEN?

Servī **dominae** nōn pārent.	Die Diener gehorchen **der Herrin** nicht.
Quid **hominibus** molestum est?	Was ist **für (die) Menschen** lästig?

2.3 Der **Akkusativ** ist in der Regel als **Objekt nach transitiven Verben** verwendet. Frage: WEN?/WAS?

Imperātor **spectāculum** prōmittit.	Der Kaiser verspricht **ein Schauspiel**.
Turba **deōs et deās** salūtat.	Die Menge grüßt **die Götter und Göttinnen**.

In Verbindung mit der Präposition *in* drückt der **Akkusativ** die **Richtung** aus. Frage: WOHIN?

Hominēs **in forum** veniunt.	Die Menschen kommen **auf das Forum**.

2.4 Der **Ablativ**, ein Kasus, der im Deutschen keine Entsprechung hat, weist **drei Grundfunktionen** auf, und zwar sowohl in **Verbindung mit einer Präposition** als auch als **bloßer Ablativ**.

	INSTRUMENTALIS Mittel/Begleitung	SEPARATIVUS Trennung	PUNCTUALIS Ort[1]/Zeit
mit Präposition	**māgnō** *cum* **animō** studēre sich *mit* **großer Begeisterung** einsetzen	*ex* **templō** venīre *aus* **dem Tempel** kommen	*prō* **basilicā** sedēre *vor* **der Basilika** sitzen
bloßer Ablativ	**gladiō** petere *mit* **dem Schwert** angreifen **victōriā** gaudēre sich *über* **den Sieg** freuen	**timōre** vacāre *von* **Furcht** frei sein **Colossēō** cēdere *aus* **dem Kolosseum** weggehen	**cunctīs locīs** *an* **allen Orten** **lūdīs** *während* **der Spiele**
Fragen	WOMIT? / WODURCH?	WOVON? / WOHER?	WO? / WANN?

---

1) Bei einigen Ortsnamen gibt es eine Sonderform: **Lokativ**, z. B. *Rōmae*: in Rom.

C   Lehre vom Text

1   Der Zusammenhang des Textes (↗ S. 14)

Sätze sind in der Regel miteinander zu einem Text verbunden. Diese innere Verbundenheit nennt man **„Zusammenhang" (Kohärenz)** des Textes. Der Zusammenhang des Textes wird durch **verschiedene Elemente** erreicht.

Textbeispiel:

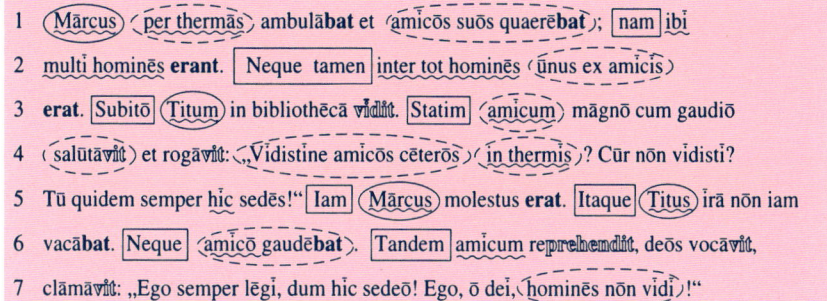

1   Mārcus per thermās ambulā**bat** et amicōs suōs quaerē**bat**; nam ibi

2   multi hominēs **erant**. Neque tamen inter tot hominēs ūnus ex amicis

3   **erat**. Subitō Titum in bibliothēcā vīdit. Statim amicum māgnō cum gaudiō

4   salūtāvit et rogāvit: „Vidistine amicōs cēterōs in thermis? Cūr nōn vidisti?

5   Tū quidem semper hīc sedēs!" Iam Mārcus molestus **erat**. Itaque Titus īrā nōn iam

6   vacā**bat**. Neque amicō gaudē**bat**. Tandem amicum reprehendit, deōs vocāvit,

7   clāmāvit: „Ego semper lēgi, dum hīc sedeō! Ego, ō dei, hominēs nōn vidi!"

Elemente der Textkohärenz

1. **Konnektoren**: Wörter (vor allem Konjunktionen, Adverbien), die die Sätze in eine innere, meist logische Verbindung zueinander bringen:

   nam (1), neque tamen (2), subitō, statim (3), iam, itaque (5), neque, tandem (6);

2. **Personen-Verteilung**: Personen, die an dem im Text erfassten Geschehen beteiligt sind und durch deren Rolle sowie wechselseitige Einwirkung die Handlung vorangetrieben wird:

   Mārcus (1), Titum (3), Mārcus, Titus (5);

3. **Zeiten-Verwendung**: die verwendeten Zeiten (Tempora), die dem dargestellten Geschehen ein bestimmtes Gepräge geben, wobei ein **Geschehenshintergrund** (meist Imperfekt) und ein **Geschehensvordergrund** (meist Perfekt) unterschieden werden:
   ambulā**bat**, quaerē**bat** (1), **erant** (2), **erat** ↔ vīdit (3), salūtāvit, rogāvit (4) ↔ **erat** (5), vacā**bat**, gaudē**bat** ↔ reprehendit, vocāvit (6), clāmāvit (7);

4. **Sach- oder Bedeutungsfelder**: Wörter und Wendungen, die zu einem einheitlichen Bedeutungsbereich gehören und aufgrund ihres Vorherrschens – oft als **Leitwörter** oder **Leitbegriffe** – das Thema des Textes bestimmen:

   per thermās, amicōs suōs quaerēbat (1), ūnus ex amicis (2), amicum salūtāvit (3/4),

   Vidistine amicōs cēterōs?, in thermis (4), amicō gaudēbat (6), hominēs nōn vidi (7);

5. **Verweiswörter**: Wörter (Nomina, Pronomina, Wortgruppen u. a.), die auf Erwähntes verweisen:
   ibi → per thermās (1), inter tot hominēs (2), hominēs ... vidi (7) → multi hominēs (2), amicum → Titum (3), hīc (5) → in thermis (4), Mārcus (5) → Mārcus (1), Titus (5) → Titum (3), amicō, amicum (6) → Mārcus (5).

2   Sätze als Teile des Textes

2.1   Innerhalb eines Textes können die Sätze auf gleicher Stufe **aneinander gereiht** sein: **Satzreihe**.

a)   Die Verbindung ist in der Regel durch **beiordnende Bindewörter (Konjunktionen)** hergestellt, z. B.: *Mārcus ... ambulābat **et** ... quaerēbat; **nam** ibi multi ... erant.*

Solche **Konjunktionen** sind z. B.:

et	und, auch	sed	aber	nam	denn	itaque	deshalb
-que	und	autem	aber, jedoch	enim	denn,	igitur	also,
quoque	auch	tamen	dennoch		nämlich		folglich,
neque	und nicht,						daher
	aber nicht						
neque – neque	weder – noch						
verbindend		entgegensetzend		begründend		folgernd	

b) Gelegentlich stehen ganze Sätze oder auch einzelne Prädikate **unverbunden** nebeneinander, z. B.: *Tandem reprehendit, ... vocāvit, clāmāvit.*

2.2 Innerhalb eines Textes können die Sätze auch **einander untergeordnet** sein: **Satzgefüge**, z. B.: *Ego semper lēgī, dum hīc sedeō.*

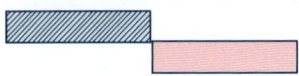

Solche **unterordnenden Bindewörter (Subjunktionen)** sind z. B.:

dum	während	ubī	wo	ut	wie	nisī	wenn nicht
cum	als					quamquam	obwohl, obgleich
postquam	nachdem					quod	weil
Zeit		Ort		Art und Weise		Grund	

3   Satzarten im Text

In jedem Text begegnen **verschiedene Arten von Sätzen**, je nachdem, welche Mitteilungsabsicht besteht.

3.1 **Aussagesätze** enthalten Aussagen, Feststellungen, Erklärungen u. Ä.; sie begegnen meist in einer Erzählung, in einem Bericht oder in einer Erörterung, z. B.: *Mārcus per thermās ambulābat et amīcōs suōs quaerēbat* (1).

3.2 **Ausrufesätze** enthalten einen Ausruf des Ärgers, der Verwunderung, der Freude; sie begegnen meist in Gesprächen, Briefen o. Ä., z. B.: *„Ego, ō deī, hominēs nōn vīdī!"* (7)

3.3 **Fragesätze** enthalten eine Frage nach einer Person, Sache oder Ursache; sie begegnen meist in einem Gespräch (das auch in eine Erzählung eingefügt sein kann), in einem Brief, in einer Rede, z. B.: *„Vīdistīne amīcōs cēterōs in thermīs? Cūr nōn vīdistī?"* (4 f.) **Fragesätze** werden durch **Fragepronomina**, **Frageadverbien** oder **Fragepartikeln** eingeleitet:

a) **Fragepronomina** sind: **quis?** wer?, **quid?** was?

b) **Frageadverbien** sind: **ubī?** wo?, **quō?** wohin?, **unde?** woher?, **cūr?** warum?

c) **Fragepartikeln** sind:

		Erwartete Antwort:
Nōnne vīdistī amīcōs?	Hast du **nicht** die Freunde gesehen?	ja
Num vīdistī amīcōs?	Hast du **etwa** die Freunde gesehen?	nein
Vīdistīne amīcōs?	Hast du die Freunde gesehen?	ja/nein

A Lehre vom Wort

1 Verb

1.1 Indikativ Perfekt Passiv

Den **Indikativ Perfekt Passiv** erkennt man an den Formen des **Partizip Perfekt Passiv (PPP)** auf **-t-us/-a/-um** oder **-s-us/-a/-um** (↗ II A 2.7, S. 35) in Verbindung mit den Formen des **Indikativ Präsens** von *esse* (**sum/es/est** …), z. B.:

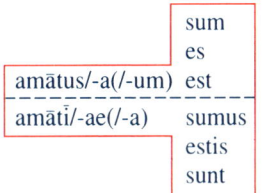

	sum	ich	bin	
	es	du	bist	
amātus/-a(/-um)	est	er/sie/es ist		geliebt worden
amātī/-ae(/-a)	sumus	wir	sind	
	estis	ihr	seid	
	sunt	sie	sind	

Zur Verwendung und Übersetzung ↗ II C 2.2, S. 42

amā**tus/-a sum**	**ich bin** geliebt **worden**	relic**tus/-a sum**	**ich bin** verlassen **worden**
audī**tus/-a sum**	**ich bin** gehört **worden**	mis**sus/-a sum**	**ich bin** geschickt **worden**
rī**sus/-a sum**	**ich bin** verlacht **worden**	pul**sus/-a sum**	**ich bin** vertrieben **worden**
cap**tus/-a sum**	**ich bin** ergriffen **worden**	rap**tus/-a sum**	**ich bin** geraubt **worden**

Schema aller Konjugationen ↗ Tab. VI$_{2.2}$, S. 80; zum Urheber beim Passiv ↗ II B 4.3, S. 40

1.2 Infinitiv Perfekt Passiv

amātum/-am/-um esse	**Bedeutungsteil**	**Signalteil**		geliebt worden (zu) sein
missum/-am/-um esse	amā**t**	**um/-am/-um**		geschickt worden (zu) sein
captum/-am/-um esse	miss	**esse**		ergriffen worden (zu) sein
	cap**t**			
	PPP-Stamm			

Zur Bildung des PPP-Stammes ↗ II A 2.7, S. 35

1.3 Indikativ Plusquamperfekt Aktiv und Passiv

a) Den **Indikativ Plusquamperfekt Aktiv** erkennt man am **Tempus-Zeichen -era-** und den **Person-Zeichen -m/-s/-t** …, die an den Perfekt-Aktiv-Stamm angefügt sind, z. B. *amāv-:* – hatte – geliebt.

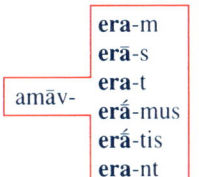 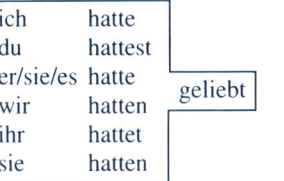 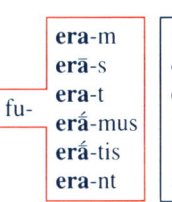 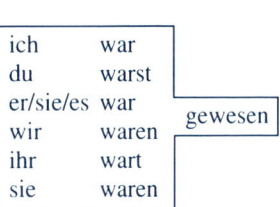

	era-m	ich	hatte			**era-m**	ich	war
	erā-s	du	hattest			**erā-s**	du	warst
amāv-	**era-t**	er/sie/es hatte	geliebt	fu-	**era-t**	er/sie/es war	gewesen
	erā-mus	wir	hatten			**erā-mus**	wir	waren
	erā-tis	ihr	hattet			**erā-tis**	ihr	wart
	era-nt	sie	hatten			**era-nt**	sie	waren

amáv-**era-m**	**ich hatte** geliebt	vén-**era-m**	**ich war** gekommen
tacú-**era-m**	**ich hatte** geschwiegen	cucúrr-**era-m**	**ich war** gelaufen
mī́s-**era-m**	**ich hatte** geschickt	dēscénd-**era-m**	**ich war** herabgestiegen
aspéx-**era-m**	**ich hatte** erblickt	cép-**era-m**	**ich hatte** ergriffen

Schema aller Konjugationen ↗ Tab. VI$_{2.1}$, S. 79

b) Den **Indikativ Plusquamperfekt Passiv** erkennt man an den Formen des **Partizip Perfekt Passiv (PPP)** auf **-t-us/-a/-um** oder **-s-us/-a/-um** (↗ II A 2.7, S. 35) in Verbindung mit den Formen des **Indikativ Imperfekt** von *esse* (**eram/erās/erat …**), z. B.:

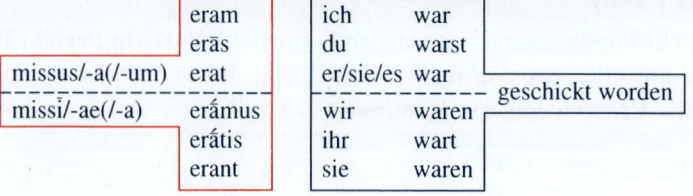

	eram	ich	war
	erās	du	warst
missus/-a(/-um)	erat	er/sie/es	war
missī/-ae(/-a)	erāmus	wir	waren
	erātis	ihr	wart
	erant	sie	waren

geschickt worden

amā**tus**/-a eram	**ich war** geliebt **worden**	relic**tus**/-a eram	**ich war** verlassen **worden**
audī**tus**/-a eram	**ich war** gehört **worden**	mis**sus**/-a eram	**ich war** geschickt **worden**
rī**sus**/-a eram	**ich war** verlacht **worden**	pul**sus**/-a eram	**ich war** vertrieben **worden**
cap**tus**/-a eram	**ich war** ergriffen **worden**	rap**tus**/-a eram	**ich war** geraubt **worden**

Schema aller Konjugationen ↗ *Tab. VI$_{2.2}$, S. 80; zur Tempusverwendung* ↗ *II C 2, S. 41 f.*

1.4 Verben der ĭ-Konjugation

Es gibt eine weitere **Vokalische Konjugation**. Sie weist den **kurzen Kennvokal -ĭ-** auf: **ĭ-Konjugation**.

	Konjugations- klasse	Bedeutungs- teil	Signalteil			
			Kenn- vokal	*Binde- vokal*	Person- Zeichen	
cápit fúgiunt	Kurzvokalische Konjugation	cáp fúg	ĭ ĭ	*u*	t nt	er/sie/es ergreift sie fliehen
		Präsens-Stamm				

a)

Indikativ Präsens	
cap**ĭ**o	ich ergreife
cap**ĭ**s	du ergreifst
cap**ĭ**t	er/sie/es ergreift
cáp**ĭ**mus	wir ergreifen
cáp**ĭ**tis	ihr ergreift
cáp**ĭ**unt	sie ergreifen

Infinitiv Präsens	
cáp**ĕ**re	ergreifen

Imperativ	
cáp**ĕ**!	ergreife!
cáp**ĭ**te!	ergreift!

Indikativ Imperfekt	
cap**ĭ**ébam	ich ergriff
cap**ĭ**ébās	du ergriffst
usw.	

Das kurzvokalische **-ĭ** wird in einigen Formen zu **-ĕ** (z. B. bei *capĕre, capĕ*).

Vollständiges Konjugationsschema ↗ *Tab. VI$_{1.1}$, S. 77*

b) Perfekt-Bildungen

Infinitiv Präsens	Veränderung durch	Bedeutungs-teil	Signal-teil	

cupīvī	cupere	-v-	cupīv	
rapuī	rapere	-u-	rapu	
aspexī	aspicere	-s-	aspex	
cēpī	capere	Dehnung	cēp	

Perfekt-Aktiv-Stamm

$\overline{\mathbf{i}}$ **ich**

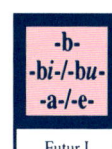

- habe gewünscht / wünschte
- habe geraubt / raubte
- habe erblickt / erblickte
- habe ergriffen / ergriff

(aspexī < *aspec-sī; cēpī: Dehnung mit Veränderung des Vokals im Bedeutungsteil – a > ē: Ablaut)

1.5 Futur I

Das **Futur I** erkennt man an einem **Tempus-Zeichen**, das in den **Signalteil** des Verbs eingefügt ist.
Verben der **ā-/ē-Konjugation** haben das **Tempus-Zeichen -b(i/u)-**,
Verben der **ī-/ĭ-/Konsonantischen Konjugation** das **Tempus-Zeichen -a-/-e-**

-b-
-bi-/-bu-
-a-/-e-

Futur I

Bedeutungs-teil	Signalteil				Bedeutungs-teil	Signalteil			
	Kenn-vokal	*Binde-vokal*	Tempus-Zeichen	Person-Zeichen		Kenn-vokal	*Binde-vokal*	Tempus-Zeichen	Person-Zeichen
am	ā		b	ō	relinqu			a	m
mon	ē		bu	nt	cap	ĭ		é	tis

ē-**b**-ō	ich werde		ō	ich werde		i-**a**-m	ich werde
ē-**bi**-s	du wirst		i-s	du wirst		i-**ē**-s	du wirst
rīd- ē-**bi**-t	er/sie/es wird	lachen	er- i-t	er/sie/es wird	sein	aud- i-**e**-t	er/sie/es wird	hören
ē-**bi**-mus	wir werden		i-mus	wir werden		i-**é**-mus	wir werden
ē-**bi**-tis	ihr werdet		i-tis	ihr werdet		i-**é**-tis	ihr werdet
ē-**bu**-nt	sie werden		u-nt	sie werden		i-e-nt	sie werden

amā-**bi**-t	er **wird** lieben	audi-**a**-m/audi-**e**-t	ich **werde**/er **wird** hören
rīdē-**bi**-t	er **wird** lachen	mitt-**a**-m/mitt-**e**-t	ich **werde**/ er **wird** schicken
		capi-**a**-m/capi-**e**-t	ich **werde**/er **wird** ergreifen

Schema aller Konjugationen ↗ Tab. VI$_{1.1}$, S. 77

1.6 Indikativ Präsens, Imperfekt und Futur I Passiv – Infinitiv Präsens Passiv

Die Formen des **Indikativ Präsens, Imperfekt** und **Futur I Passiv** erkennt man an besonderen **Person-Zeichen**. Diese bilden – gegebenenfalls mit anderen Elementen – den **Signalteil** des Verbs.

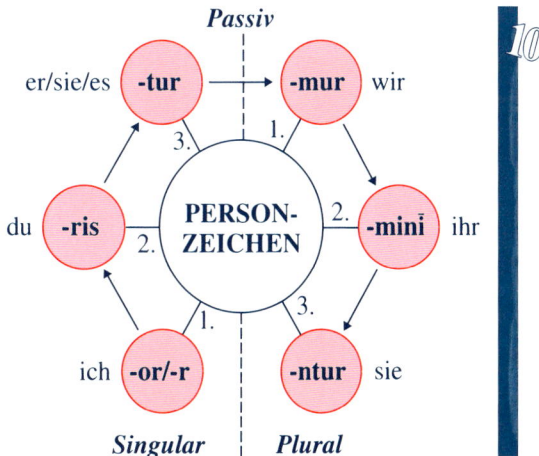

a) Präsens Passiv

Bedeutungs-teil	Signalteil		
	Kenn-vokal	*Binde-vokal*	Person-Zeichen
mon— e —	—	— or	
relinqu—	— *e* —	— ris	

mon-	e-**or**	ich werde	
	ē-**ris**	du wirst	
	ē-**tur**	er/sie/es wird	gemahnt
	ē-**mur**	wir werden	
	ē-**mini**	ihr werdet	
	e-**ntur**	sie werden	

am-or (<*a-or)	ich **werde** geliebt
audi-or	ich **werde** gehört
relinqu-or	ich **werde** verlassen
capi-or	ich **werde** gefangen

Konjugationsschemata ↗ Tab. VI$_{1,2}$, S. 78

b) Imperfekt Passiv

Bedeutungs-teil	Signalteil			
	Kenn-vokal	*Binde-vokal*	Tempus-Zeichen	Person-Zeichen
mon— ē —		— ba — r		
relinqu—	— *ē* —	— bā — mini		

mon-	ē-**ba**-r	ich wurde	
	ē-**bā**-ris	du wurdest	
	ē-**bā**-tur	er/sie/es wurde	gemahnt
	ē-**bā**-mur	wir wurden	
	ē-**bā**-mini	ihr wurdet	
	ē-**ba**-ntur	sie wurden	

amā-**ba**-r	ich **wurde** geliebt
audi-ēba-r	ich **wurde** gehört
relinqu-ēba-r	ich **wurde** verlassen
capi-ēba-r	ich **wurde** gefangen

c) Futur I Passiv

Bedeutungs-teil	Signalteil			
	Kenn-vokal	*Binde-vokal*	Tempus-Zeichen	Person-Zeichen
am — ā —		— b — or		
mon — ē —		— b*ú* — ntur		

mon-	ē-**b**-or	ich werde	
	ē-**b***e*-ris	gemahnt werden	
	ē-**b***i*-tur	*usw.*	
	ē-**b***i*-mur		
	ē-**b***i*-mini		
	ē-**b***u*-ntur		

| amā-**b**-or | ich **werde** geliebt **werden** |
| monē-**b**-or | ich **werde** gemahnt **werden** |

Bedeutungs-teil	Signalteil			
	Kenn-vokal	*Binde-vokal*	Tempus-Zeichen	Person-Zeichen
relinqu —		— **a** — r		
cap — ĭ —		— **ē** — mini		

cap-	i-**a**-r	ich werde	
	i-**ē**-ris	gefangen werden	
	i-**ē**-tur	*usw.*	
	i-**ē**-mur		
	i-**ē**-mini		
	i-**e**-ntur		

audi-**a**-r	ich **werde** gehört **werden**
relinqu-**a**-r	ich **werde** verlassen **werden**
capi-**a**-r	ich **werde** ergriffen **werden**

Konjugationsschemata ↗ Tab. VI$_{1,2}$, S. 78

d) Infinitiv Präsens Passiv

Den **Infinitiv Präsens Passiv** erkennt man am **Infinitiv-Zeichen -rī/-ī**.

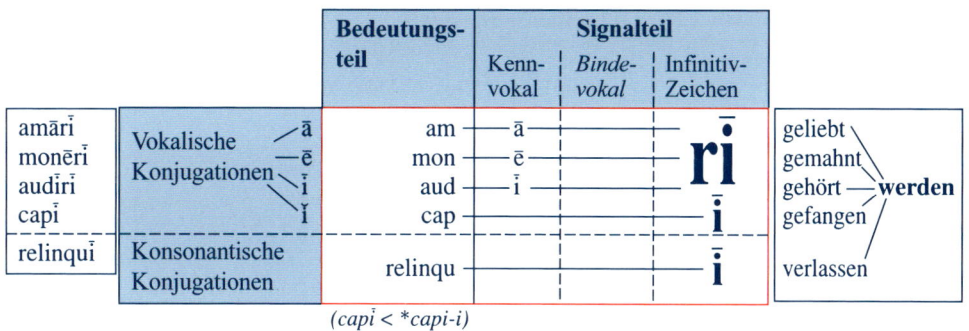

(capī < *capi-i)

2 Nomen

2.1 Substantive und Adjektive auf -(e)r

	Deklinations-klasse	N. Sg.	Bedeutungs-teil	Signal-teil	
Substantive	**o-Dekli-nation**	puer	puer — ī		der/ein Junge
	Konso-nantische Deklination	mulier	mulier — is		die/eine Frau
		pater	patr — um		der/ein Vater
Adjektive		**N. Sg. Masku-linum**			
	Zu Gruppe I	miser	miser — a/-um		der/die/das unglückliche …
		pulcher	pulchr — a/-um		der/die/das schöne …
	Zu Gruppe II (↗A 2.4)	celer	celer — is/-e		der/die/das schnelle …
		acer	acr — is/-e		der/die/das scharfe …

Substantive
Adjektive

-(e)r

Vollständige Deklinationsschemata ↗ Tab I$_{1.1}$, I$_{2.1}$, I$_{2.2}$, S. 71 f.

2.2 u-Deklination

Substantive der u-Deklination erkennt man am **Kennvokal -u-**, der zwischen dem Bedeutungsteil und dem Kasus-Zeichen steht (*aber:* **-i-** im D./Abl. Pl.).

-u-

DEKLINATION

Bedeutungs-teil	Kenn-vokal	Kasus-Zeichen		Bedeutungs-teil	Kenn-vokal	Kasus-Zeichen	
exercit —	u —	s	das/ein Heer	exercit —	ū —	s	(die) Heere
exercit —	ū —	s	des Heeres	exercít —	u —	um	der Heere
exercít —	u —	ī	dem Heer	exercít —	i —	bus	den Heeren
exercit —	u —	m	das Heer	exercit —	ū —	s	(die) Heere
cum exercit —	ū		*mit* dem Heer	*cum* exercít —	i —	bus	*mit* den Heeren

2.3 Konsonantische Deklination

a) Neutra

Deklinationsklasse	Bedeutungteil	Signalteil	
Konsonantische Deklination	nōmen		(der) Name/den Namen
	nōmin	is	des Namens
	nōmin	a	(die) Namen
	opus		(das) Werk
	oper	is	des Werkes
	oper	a	(die) Werke

Neutra

Konsonantische Deklination

Vollständiges Deklinationsschema ↗ Tab. I₁.₁, S. 71

b) Besonderheiten

Abweichend vom Signalteil der Konsonantischen Deklination haben einige Substantive im **Akk. Sg.** m/f **-im**, im **Abl. Sg. -ī**, im **N./Akk. Pl.** n **-ia**, im **G. Pl. -ium**.

vīs Kraft, Gewalt	vīrēs (Streit-) Kräfte	turris Turm	turrēs Türme	moenia Mauern
	vīrium		turrium	moenium
vim		turrim		
vī		*dē* turrī		

2.4 Adjektivgruppe II

Viele Adjektive weisen den **Signalteil** der **Substantive der Konsonantischen Deklination** auf. Man zählt diese Adjektive zur **Adjektivgruppe II**. Abweichend haben diese Adjektive fast immer

im **Abl. Sg. -i**	im **N./Akk. Pl.** n **-ia**	im **G. Pl. -ium**

.

drei-endig

zwei-endig

ein-endig

Adjektiv-gruppe II

In der **Adjektivgruppe II** unterscheidet man nach den Formen des **N. Sg.** ‚drei-endige‘, ‚zwei-endige‘ und ‚ein-endige‘ Adjektive.

▶ **Deklinationsschema**

	eques celer *ein schneller Reiter* mors celeris *ein schneller Tod* auxilium celere *eine schnelle Hilfe*			amicus ūtilis *ein nützlicher Freund* lēx ūtilis *ein nützliches Gesetz* imperium ūtile *eine nützliche Herrschaft*		puer prūdēns *ein kluger Junge* amica prūdēns *eine kluge Freundin* verbum prūdēns *ein kluges Wort*	
	m	f	n	m/f	n	m/f	n
Sg. N.	celer	celeris	celere	ūtilis	ūtile	prūdēns	
G.		celeris		ūtilis		prūdentis	
D.		celerī		ūtilī		prūdentī	
Akk.	celerem		celere	ūtilem	ūtile	prūdentem	prūdēns
Abl.		celerī		ūtilī		prūdentī	
Pl. N.		celerēs	celeria	ūtilēs	ūtilia	prūdentēs	prūdentia
G.		celerium		ūtilium		prūdentium	
D.		celeribus		ūtilibus		prūdentibus	
Akk.		celerēs	celeria	ūtilēs	ūtilia	prūdentēs	prūdentia
Abl.		celeribus		ūtilibus		prūdentibus	
	‚drei-endig‘			‚zwei-endig‘		‚ein-endig‘	

2.5 Pronomina

a) Demonstrativ-Pronomina

▶ **ILLE / ILLA / ILLUD**

ille/illa/illud *jener/jene/jenes*					
Singular			Plural		
m	f	n	m	f	n
N. ille	illa	illu*d*	ill*ī*	illae	illa
G.	ill**ius**		illōrum	illārum	illōrum
D.	ill*ī*		illīs		
Akk. illum	illam	illu*d*	illōs	illās	illa
Abl. illō	illā	illō	illīs		

ILLE / ILLA / ILLUD weist hin auf:
– zeitlich und räumlich Entferntes:

illīs annīs	in jenen (früheren) Jahren

– geschichtlich berühmte Personen:

Rōmulus et Rēmus, illī frātrēs	Romulus und Remus, jene (berühmten) Brüder

▶ **HIC / HAEC / HOC**

hic/haec/hoc *dieser/diese/dieses*					
Singular			Plural		
m	f	n	m	f	n
N. hi*c*	hae*c*	ho*c*	h*ī*	hae	hae*c*
G.	hu**ius**		hōrum	hārum	hōrum
D.	hui*c*		hīs		
Akk. hun*c*	han*c*	ho*c*	hōs	hās	hae*c*
Abl. hō*c*	hā*c*	hō*c*	hīs		

HIC / HAEC / HOC weist hin auf:
– zeitlich und räumlich näher Liegendes:

hōc tempore	in dieser (der jetzigen/heutigen) Zeit

– unmittelbar Folgendes:

hoc/haec dīxit	er sagte Folgendes

▶ **IS/EA/ID**

			is/ea/id	1. er/sie/es (als Personal-Pronomen der 3. P.) 2. dieser/diese/dieses 3. der(jenige)/die(jenige)/das(jenige)		
	Singular			Plural		
	m	f	n	m	f	n
N.	is	ea	id	eī (iī)	eae	ea
G.		eius		eōrum	eārum	eōrum
D.		eī			eīs (iīs)	
Akk.	eum	eam	id	eōs	eās	ea
Abl.	eō	eā	eō		eīs (iīs)	

IS/EA/ID weist hin auf:
– eine **genannte Person oder Sache** (↗ Verweiswörter I C 1.5 S. 25),
– eine **kommende Person oder Sache** (↗ Verweiswörter I C 1.5, S. 25),
  die meist **im Relativsatz** steht:

is vir, *quī* …	**derjenige** Mann, *welcher/der* …
ea templa, *quae* ibī vidēs …	**die** Tempel, *die* du dort siehst …

IS/EA/ID kennzeichnet:
– eine genannte Person oder Sache näher:

ea mulier	**diese** (bereits) **genannte** Frau
eī hominēs	**diese** (oben erwähnten) Menschen

– im Genitiv das **Besitzverhältnis**:

fīlius **eius**	**sein/ihr** Sohn
eōrum/eārum urbs	**ihre** Stadt

Beachte: Im Lateinischen werden in der 3. Person das reflexive und das nicht reflexive Besitzverhältnis unterschiedlich ausgedrückt:

Catullus amīcam **suam** ex animō amat.	Catull liebt **seine** Freundin von Herzen.
Eius amīca clāra est.	**Seine** (Dessen) Freundin ist berühmt.

b) **Relativ-Pronomen**

			quī/quae/quod	der/die/das; welcher/welche/welches		
	Singular			Plural		
	m	f	n	m	f	n
N.	quī	quae	quod	quī	quae	quae
G.		cuius		quōrum	quārum	quōrum
D.		cui			quibus	
Akk.	quem	quam	quod	quōs	quās	quae
Abl.	quō	quā	quō		quibus	

QUI / QUAE / QUOD leitet ein:
– einen **Gliedsatz**, der ein Nomen **näher bestimmt**: **Attributsatz** (➚ II B 3.1, S. 39),
– einen **Hauptsatz**, der mit dem vorausgehenden Hauptsatz **sehr eng verbunden** ist:
  relativischer Satzanschluss (➚ II B 3.2 b, S. 39).

c) Demonstrativ-Pronomen + Relativ-Pronomen

is, quī …	der(jenige), der …	eī (iī), quī …	die(jenigen), die/welche …
ea, quae …	die(jenige), die …	ea, quae …	das(jenige), was …

d) Reflexiv-Pronomen

Das Reflexiv-Pronomen **SE, SIBI** bezieht sich unmittelbar auf das **Subjekt: direktes Reflexivum**.

Quis sibī nōn placet?	Wer ist nicht mit sich zufrieden?
Multī sē suōsque servāvērunt.	Viele haben sich und die Ihren gerettet.

2.6 Numerale: Grundzahlen (➚ *Tab.* III, S. 75)

2.7 Partizip Perfekt Passiv

Das **Partizip** ist eine Verbform, die Anteil am **Verb** und am **Nomen** hat (*particeps:* Anteil habend).
Das **Partizip Perfekt Passiv (PPP)** erkennt man am **Partizip-Perfekt-Passiv-Stamm (PPP-Stamm)** und dem **Signalteil der Adjektivgruppe I -us/-a/-um**.
Der **PPP-Stamm** endet auf **-t-** oder **-s-**.

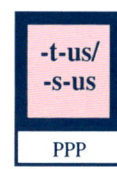

	Infinitiv Präsens	Bedeutungsteil	Signalteil	
amātus/-a/-um	amāre	① amāt		geliebt
audītus/-a/-um	audīre	② audīt		gehört
relictus/-a/-um	relinquere	③ relict		verlassen
missus/-a/-um	mittere	④ miss	**-us/-a/-um**	geschickt
pulsus/-a/-um	pellere	⑤ puls		vertrieben
rīsus/-a/-um	rīdēre	⑥ rīs		verlacht
quaesītus/-a/-um	quaerere	⑦ quaesīt		gesucht
	PPP-Stamm			

Der **PPP-Stamm** ist gegenüber dem Bedeutungsteil des Verbs im Präsens-Stamm oft **verändert** ④ ⑤ ⑥, **verkürzt** ③ oder **erweitert** ⑦.

Das **Partizip Perfekt Passiv** ist verwendet
– zur **Bildung des Perfekt und Plusquamperfekt Passiv** (➚ II A 1.3 a und b, S. 27 f.),
– zur **näheren Bestimmung eines Nomens** (Attribut ➚ II B 2.1, S. 37),
– zur **Ergänzung des Prädikats** (Adverbiale ➚ II B 2.2, S. 38),
– als **Substantiv**, meist im Plural, z. B.: *missī* die Gesandten.

B Lehre vom Satz

1 Die Konstruktion des AcI

1.1 Der **Infinitiv** kann ein **eigenes ,Subjekt'** bei sich haben.
Diese Konstruktion heißt **AcI** (Accusativus cum Infinitivo):

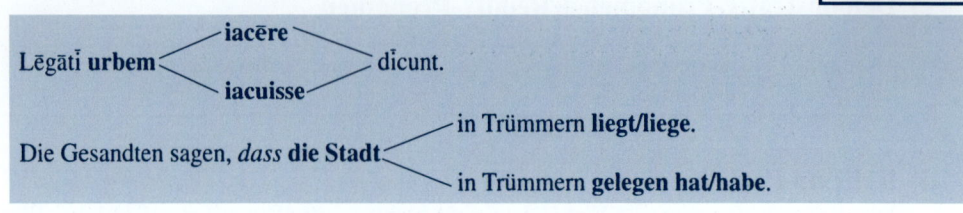

1.2 Der **AcI** lässt sich in der Regel **nicht wörtlich übersetzen**.
Die **Konstruktion** muss deshalb umgebaut werden, meist in einen **dass-Gliedsatz**.

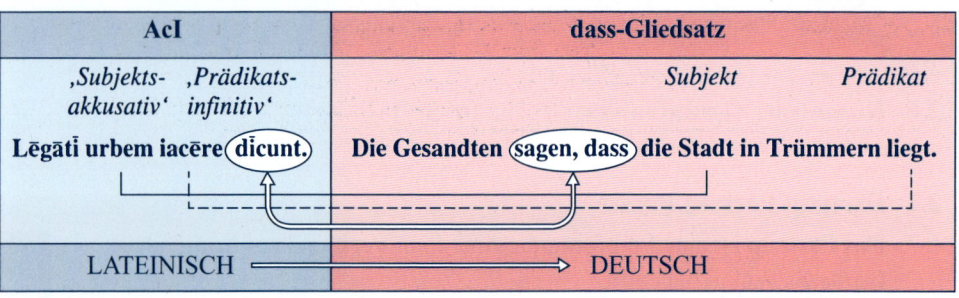

1.3 Der **AcI** erfüllt im Satz die **syntaktische Funktion** des **Objekts** oder des **Subjekts**.

① Cicerō **lēgēs scrīptās esse** trādit.   Cicero überliefert, **dass Gesetze aufgeschrieben worden sind**.

② **Lēgēs scrīptās esse** cōnstat.   **Dass Gesetze aufgeschrieben worden sind**, steht fest.

① AcI als Objekt

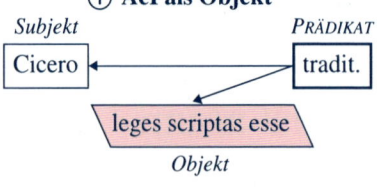

② AcI als Subjekt

Subjekt		*PRÄDIKAT*
Leges scriptas esse	←	constat.

1.4 Da der **AcI** eine einem Gliedsatz entsprechende Aussage enthält, bezeichnet man diese Konstruktion als **satzwertig**.

Lēgēs scrīptās esse cōnstat. *Dass die Gesetze aufgeschrieben worden sind*, steht fest.
Lēgēs scrīptae sunt; cōnstat. **Die Gesetze sind aufgeschrieben worden**; das steht fest.

AcI als satzwertige Konstruktion dargestellt

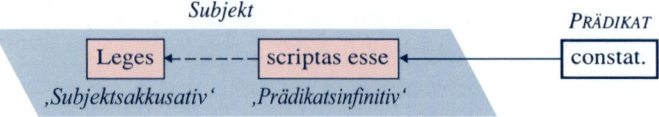

1.5 Den **AcI**, der ein **Urteil** oder eine **Aussage** über eine **Tatsache** enthält, findet man nach Verben

des Sagens	des Wahrnehmens und Glaubens	der Gemütsbevegung	der unpersönlichen Feststellung
z. B.	z. B.	z. B.	z. B.
dīcere	vidēre	gaudēre	cōnstat
trādere	putāre		appāret
nūntiāre	scīre		
negāre	intellegere		

1.6 Der Vorgang des AcI steht zu dem Vorgang des Satzes, in den der AcI eingebettet ist, in einem **bestimmten Zeitverhältnis**: **vorzeitig**, **gleichzeitig** oder **nachzeitig** (↗ III B 4.3 a, S. 55).

Infinitiv Präsens	Infinitiv Perfekt
Putābam mē **errāre**. Ich glaubte, dass ich mich **irrte/** mich **zu irren**.	Putābam mē **errāvisse**. Ich glaubte, dass ich mich **geirrt hatte/** mich **geirrt zu haben**.
Gleichzeitigkeit	Vorzeitigkeit

2 Das Partizip als Attribut oder Adverbiale

6

Ein **Partizip** ist immer mit einem **Substantiv** verbunden; es stimmt mit diesem in **KNG** überein.

2.1 In der Funktion des Attributs

Ecce! Ara Pācis ab Augustō **aedificāta**!	Schau! Da ist **der** von Augustus **erbaute Altar des Friedens** (der Altar …, der … erbaut worden ist)!

Satzmodell:

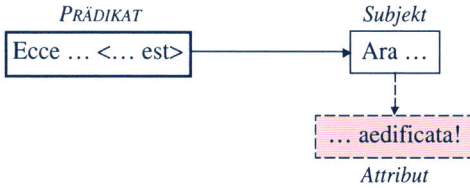

In der **syntaktischen Funktion des Attributs** ist das **Partizip** einem **Substantiv** als **nähere Bestimmung** beigefügt. Es lässt sich in diesem Falle oft **wörtlich** oder mit einem **Relativsatz** übersetzen.

2.2 In der Funktion des Adverbiales: Participium coniunctum (PC)

① **Ara** Pācis ab Augustō **aedificāta** statim ab omnibus laudābātur.	**Der Altar** des Friedens wurde sofort, **nachdem er** von Augustus **erbaut worden war,** von allen gerühmt.
② Omnēs **Aram** Pācis ab Augustō **aedificātam** statim laudābant.	Alle rühmten **den Altar** des Friedens sofort, **nachdem er** von Augustus **erbaut worden war.**

a) In der **syntaktischen Funktion des Adverbiales** drückt das **Partizip** eine **nähere Bestimmung des Prädikats** aus. Es ist mit einem weiteren **Satzglied**, meist dem Subjekt oder einem Objekt, in **KNG-Kongruenz** „verbunden".

Man nennt diese Erscheinungsform des Partizips **Participium coniunctum** (PC: „verbundenes Partizip").

Satzmodell:

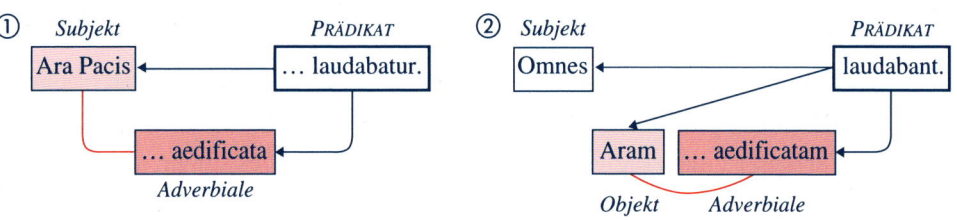

b) Da das **PC** eine **einem Gliedsatz entsprechende Aussage** enthält, bezeichnet man diese Konstruktion als **satzwertig**.

Tiberius ab **Augustō laesus**	} Italiā cessit.	Tiberius verließ	}{ **weil er von Augustus**
Tiberius, **quod ab Augustō laesus erat,**		Italien,	**beleidigt worden war.**

c) Zwischen der Aussage des PC und der Aussage des Satzes, in dem das PC steht, herrscht ein bestimmtes Sinnverhältnis; dieses kann z. B. **temporal** (zeitangebend), **kausal** (begründend) oder **konzessiv** (einräumend) sein. Das PC hat also neben der **syntaktischen Funktion** auch eine **semantische Funktion** (Sinnrichtung).

Lateinisch	Deutsch			Sinnrichtung
Iūlia ā Tiberiō **relicta** vītam inter gaudia agēbat.	**Nachdem** **Weil** **Obwohl**	}{ **Julia** von Tiberius **verlassen** **worden war,**	{ führte sie ein Leben in Freuden.	**temporal** **kausal** **konzessiv**

Die zutreffende Übersetzung ergibt sich letztlich immer erst aus dem Sinnzusammenhang des Textes.

d) Das **PC** kann **im Deutschen** auf dreifache Weise wiedergegeben werden, und zwar durch   6

1. **Unterordnung** (adverbialer Gliedsatz):	**Nachdem** Julia … **verlassen worden war,** führte sie …
2. **präpositionale Verbindung**:	**Nach der Trennung von Tiberius** führte Julia …
3. **Beiordnung** (Hauptsatz mit Konjunktion und/oder Adverb):	**Julia war … verlassen worden; daraufhin** führte sie …

3   Relativsätze als Attribut

3.1   Der mit einem **Relativ-Pronomen** (↗ II A 2.5 b, S. 34) eingeleitete Gliedsatz (**Relativsatz**) bestimmt wie ein **Attribut** eine Person oder Sache näher: **Attributsatz**.   7

Aenēās, **quī** ex Trōiā fūgerat, in Italiam, **quae** eī patria nova erat, vēnit.	Äneas, **der** aus Troia geflohen war, kam nach Italien, **das** ihm eine neue Heimat wurde.

Relativsatz als Attributsatz

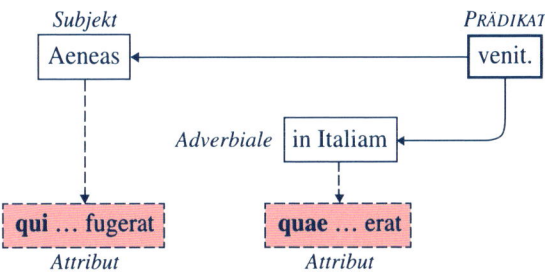

3.2

a) Das **Relativ-Pronomen** erscheint je nach seiner **Funktion im Relativsatz** in einem **bestimmten Kasus**.

Aenēās, **cuius** pater Anchīsēs erat …	Äneas, **dessen** Vater Anchises war …	**G.-Attribut**
Aenēās, **quem** Trōiānī amābant …	Äneas, **den** die Trojaner liebten …	**Akk.-Objekt**
Trōiānī, **quibus** perīcula appārēbant …	Die Trojaner, **denen** sich Gefahren zeigten …	**D.-Objekt**
Trōiānī, **dē quibus** Homērus nārrat …	Die Trojaner, **über die** Homer erzählt …	**Präp.-Objekt**

b) Ein **Relativsatz** kann sich vom Hauptsatz so stark lösen, dass er als **eigenständiger Satz** fungiert. Das Relativ-Pronomen stellt hier eine enge Verbindung zwischen den beiden Sätzen her: **relativischer Satzanschluss**.   8

Das **Relativ-Pronomen** wird hier mit einem **Demonstrativ-** oder einem **Personal-Pronomen** wiedergegeben.

Aenēās cum paucīs ē **patriā suā** fūgit.	Äneas ist mit wenigen aus **seiner Heimatstadt** geflohen.
Quae ā Graecīs capta erat.	**Diese/Sie** war von den Griechen erobert worden.

4 Kasuslehre

4.1 Der **Genitiv** bezeichnet häufig das Ganze, von dem eine **Teilmenge** angegeben ist: **Teilungs-Genitiv (Genitivus partitivus).**

pars cīvium	ein Teil **der Bürger**	tria mīlia **hominum**	dreitausend **Menschen**
satis **aquae**	genug **Wasser**	multum **prūdentiae**	viel **Klugheit**
tantum **timōris**	so viel **Furcht**	nihil **salūtis**	keine **Rettung**
quis **nostrum**	wer **von uns**	nēmō **vestrum**	niemand **von euch**

4.2 Der **Genitiv** in Abhängigkeit von einem **Substantiv**, das ein **Gefühl** oder ein **Verhalten** ausdrückt, bezeichnet

– die Person, die das Gefühl oder das Verhalten zeigt: **Genitiv der Zugehörigkeit (Genitivus subiectivus).**

īra deōrum	der Zorn **der Götter**

– die Person oder Sache, auf die sich das Gefühl oder das Verhalten richtet: **Genitiv der Zugehörigkeit (Genitivus obiectivus).**

timor deōrum	die Furcht **vor den Göttern**
timor mortis	die Angst **vor dem Tod/Todesangst**

4.3 Der **Dativ** in Verbindung mit der **Copula** *esse* bezeichnet häufig den Besitzer: **Besitzer-Dativ (Dativus possessoris).**

Urbī Rōmae multa templa *erant*.	**Die Stadt Rom** *besaß* viele Tempel.
Minervae māgna prūdentia *est*.	**Minerva** *verfügt* über große Klugheit.

4.4 Der **Akkusativ** bezeichnet bei **Substantiven der Zeitbestimmung** die **Dauer**: **Akkusativ der zeitlichen Ausdehnung.**

Multōs annōs rēgnāvit.	Er herrschte **viele Jahre (lang).**

4.5 Der **Akkusativ von Ortsnamen** bezeichnet bei **Verben der Bewegung** in der Regel die **Richtung: Richtungs-Akkusativ.**

Rōmam vēnī.	Ich bin **nach Rom** gekommen.

4.6 Der **Ablativ** eines Substantivs in Verbindung mit einem **Adjektiv** bezeichnet entweder als **Prädikatsnomen** bei *esse* oder als **Attribut** zu einem **Substantiv** eine **Eigenschaft**: **Ablativ der Eigenschaft (Ablativus qualitatis).**

Bonō animō sum.	Ich bin **guten Mutes/zuversichtlich.**
Quis nescit Catōnem, illum **sevērīs mōribus** virum?	Wer kennt nicht Cato, jenen **sittenstrengen Mann?**

4.7 Der **Ablativ** in Verbindung mit *ā/ab* bezeichnet beim **Passiv** den **Urheber** der Handlung: **Urheber-Ablativ (Ablativus auctoris).**

Ara Pācis **ab Augustō** aedificāta est.	Der Altar des Friedens ist **von Augustus** erbaut worden.

C Lehre vom Text

1 Textzusammenhang durch Pronomina

De Hannibale

Māgna perīcula Rōmae ab *Hannibale* imminēbant. (Quī) ad Cannās
exercitūs *Rōmānōrum* vīcerat. Eōrum animī timōre nōn vacābant. Nam
illum hostem *urbem* petere sciēbant. Ea ad id tempus expūgnāta nōn
erat. Itaque cīvēs dēlīberābant: „Omnibus vīribus arcēbimus ab hāc urbe
illum, *quī* eam vī capere studet. *Carthāginiēnsēs* cum *nostrīs mīlitibus* dē
victōriā pūgnābunt. Illī prō imperiō, hī prō *patriā* pūgnābunt. (Quam) servāre
nōs omnēs studēbimus."

1.1 Der **Zusammenhang eines Textes** wird vielfach auch durch die **Pronomina** hergestellt, und zwar durch die **Demonstrativ-Pronomina IS/EA/ID – ILLE/ILLA/ILLUD – HIC/HAEC/HOC** sowie durch das **Relativ-Pronomen QUI/QUAE/QUOD** beim **relativischen Satzanschluss** (↗ II B 3.2 b, S. 39).

1.2 Die Pronomina fungieren hier als **Verweiswörter**: Sie weisen in den meisten Fällen auf Wörter zurück, seltener auf Wörter voraus (z. B. *ille → quī*, ↗ I C 1.5, S. 25).

1.3 Bei der **Analyse eines Textes** ist deshalb immer genau darauf zu achten, **worauf sich die verwendeten Pronomina beziehen**. Dadurch wird das Verständnis des Textes erheblich gefördert.

2 Textgestaltung durch die Tempora

Hannibal ad portas!

Hannibal Carthāginiēnsium exercitum ad illam urbem **ad-dūcēbat**, quae ā Rōmulō
condita erat. Ibī cīvēs in māgnō timōre **erant**; salūtī enim omnium summa perīcula
imminēre **dīcēbant**. Itaque magistrātūs auxilia **parābant**, moenia urbis multīs custō-
dibus **circumdabant**. Sed multī fīnem cīvitātis ad-esse **clāmābant**.
Hannibal vīrēs suās ad urbem **ad-mōvit**; neque tamen mūrōs tēlīs **petit**, sed ante por-
tās **sedet**, **manet**, nōn **dēsinit** cum gaudiō hanc urbem clāram aspicere. Tum exerci-
tum locō **mōvit** et in Campāniam **re-dūxit**. Itaque Rōma, illa cunctae Italiae patria,
servāta est.

2.1 Ein Text wird auch durch die **Verwendung der Tempora** gestaltet. **Imperfekt** (z. B. *ad-dūcēbat, erant*) und **Plusquamperfekt** (z. B. *condita erat*) kennzeichnen den Geschehenshintergrund, **historisches Perfekt** (z. B. *admōvit, redūxit, servāta est*) und **historisches (dramatisches) Präsens** (z. B. *petit, nōn dēsinit*) den Geschehensvordergrund. Dadurch erhält das im Text dargestellte Geschehen eine deutliche Prägung (ein **„Handlungsrelief"**).

2.2 In diesem Grobrahmen können die einzelnen Tempora noch besondere Sinnrichtungen aufweisen:

Verwendetes Tempus	Beispiele aus dem Text		Sinnrichtung	
Imperfekt	① in māgnō timōre **erant** ② clāmā**bant** ③ circumda**bant**	sie waren in Panik sie schrien immer wieder sie versuchten zu umgeben	kennzeichnet ① Dauer ② Wiederholung ③ Versuch	Geschehens-hintergrund
Plusquam-perfekt	condi**ta erat**	sie war gegründet worden	erfasst Vorvergangenes	
Perfekt	① redū**xit** ② Rōma servā**ta est**.	er führte zurück Rom ist gerettet (worden).	① erzählt Einmaliges (narrativ) ② stellt ein Ergebnis fest (konstatierend)	Geschehens-vordergrund
historisches (dramatisches) Präsens	pet**it**, sed**et**, man**et**	er greift an, sitzt, bleibt	stellt ein Ereignis dramatisch dar	

A Lehre vom Wort

1 Verb

1.1 Formen des Konjunktiv Aktiv

Der **Konjunktiv** ist der **Modus der Möglichkeit** und **der Nichtwirklichkeit**.

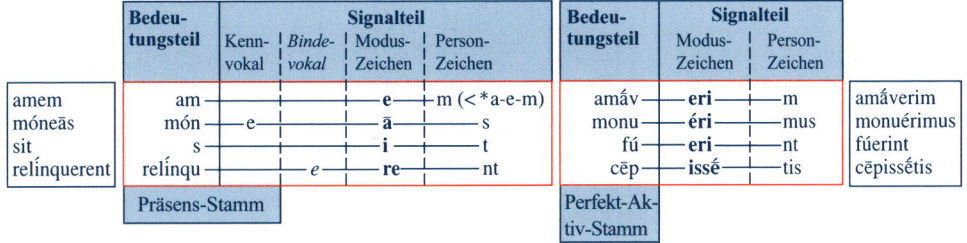

Die **Übersetzung** aller Formen des **Konjunktivs** ist vom Kontext abhängig.
Eine **wörtliche Übersetzung** ist meist **nicht möglich**.

a) Konjunktiv Präsens Aktiv

Den **Konjunktiv Präsens Aktiv** erkennt man am **Modus-Zeichen -e-/-a-/-i-**.

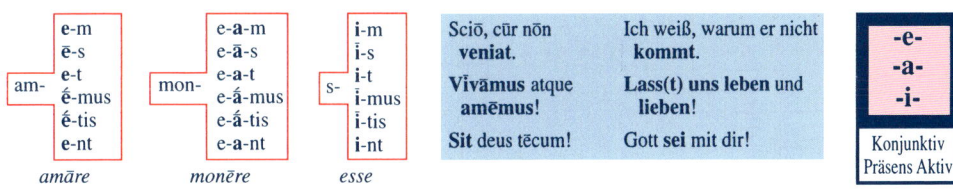

Schema aller Konjugationen ↗ *Tab. VI$_{1.1}$, S. 77*

b) Konjunktiv Perfekt Aktiv

Den **Konjunktiv Perfekt Aktiv** erkennt man am **Modus-Zeichen -eri-**.

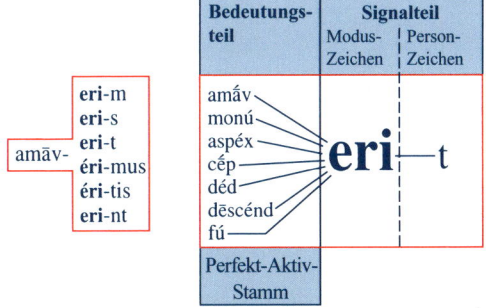

Dic, | Sag,
cūr nōn | warum du nicht
vēneris! | **gekommen bist!**

-eri-

Konjunktiv
Perfekt Aktiv

Schema aller Konjugationen ↗ *Tab. VI$_{2.1}$, S. 79*

c) Konjunktiv Imperfekt Aktiv

Den **Konjunktiv Imperfekt Aktiv** erkennt man am **Modus-Zeichen -re-/-se-**.

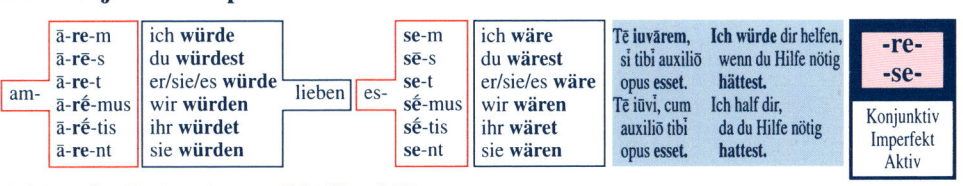

Schema aller Konjugationen ↗ *Tab. VI$_{1.1}$, S. 77*

d) Konjunktiv Plusquamperfekt Aktiv

Den **Konjunktiv Plusquamperfekt Aktiv** erkennt man am **Modus-Zeichen -isse-**.

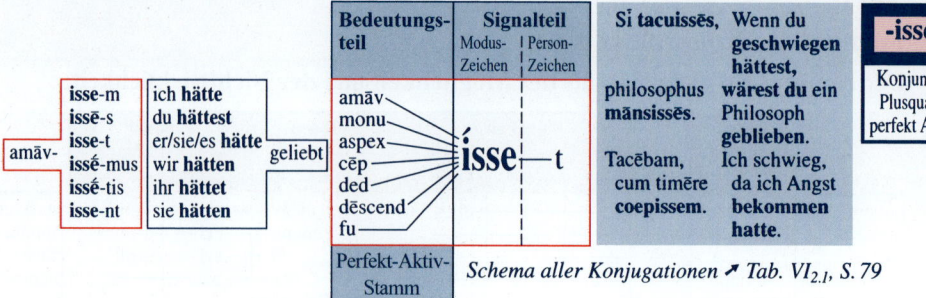

Schema aller Konjugationen ↗ *Tab. VI₂.₁, S. 79*

1.2 Formen des Konjunktiv Passiv

a) Konjunktiv Präsens – Imperfekt

Den **Konjunktiv Präsens** und **Imperfekt Passiv** erkennt man an den gleichen **Modus-Zeichen**, mit denen die entsprechenden Formen des **Aktivs** gebildet sind.

▶ **Konjunktiv Präsens Passiv (Modus-Zeichen -e-/-a-)**

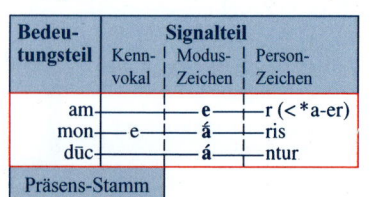 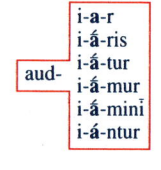

Schema aller Konjugationen ↗ *Tab. VI₁.₂, S. 78*

▶ **Konjunktiv Imperfekt Passiv (Modus-Zeichen -re-)**

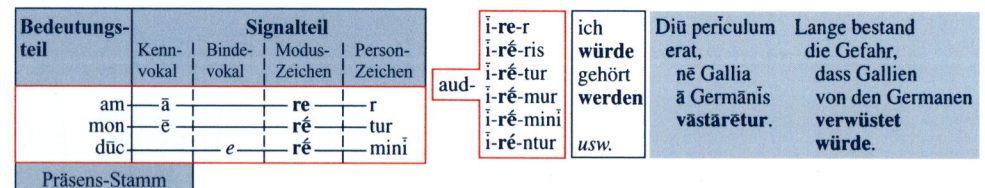

Schema aller Konjugationen ↗ *Tab. VI₁.₂, S. 78*

b) Konjunktiv Perfekt – Plusquamperfekt

Den **Konjunktiv Perfekt** und **Plusquamperfekt Passiv** erkennt man an den **Konjunktivformen des Hilfsverbs** *esse* in Verbindung mit dem **PPP** (↗ II A 2.7, S. 35).

▶ **Konjunktiv Perfekt Passiv**

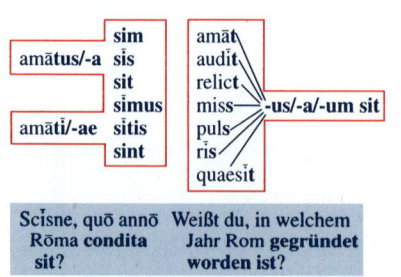

Schema aller Konjugationen ↗ *Tab. VI₂.₂, S. 80*

▶ **Konjunktiv Plusquamperfekt Passiv**

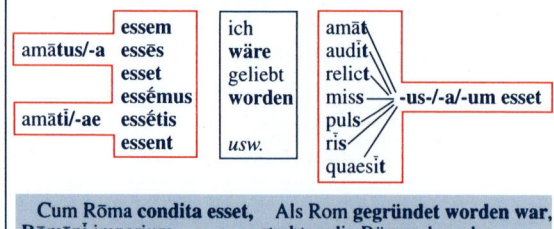

Schema aller Konjugationen ↗ *Tab. VI₂.₂, S. 80*

1.3 Futur II Aktiv und Passiv

a) Das **Futur II Aktiv** erkennt man am **Tempus-Zeichen -er-/-eri-**, das an den **Perfekt-Aktiv-Stamm** angefügt ist.

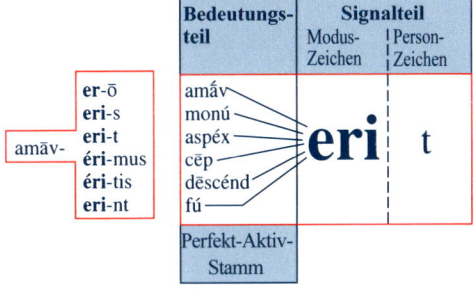

	Bedeutungs-teil	Signalteil	
		Modus-Zeichen	Person-Zeichen

amāv- → er-ō / eri-s / eri-t / éri-mus / éri-tis / eri-nt

amáv / monú / aspéx / cēp / dēscénd / fú + **eri** + t

Perfekt-Aktiv-Stamm

-er- -eri-

Futur II

Sī **vīceritis**, omnēs gaudēbunt.
Wenn ihr **(gesiegt habt)** siegt, werden sich alle freuen.

Beachte:
Nur in der **1. P. Sg.** unterscheiden sich die Formen des **Futur II** von denen des **Konjunktiv Perfekt**.

Schema aller Konjugationen ↗ *Tab. VI$_{2.1}$, S. 79*

b) Das **Futur II Passiv** erkennt man an den Formen des **Partizip Perfekt Passiv (PPP)** auf **-t-us/-a/-um** oder **-s-us/-a/-um** in Verbindung mit den Formen des Futurs von *esse* (**erō/eris/erit ...**), z. B.:

amā**tus erit** < amāre	rī**sus erit** < rīdēre
móni**tus erit** < monēre	cap**tus erit** < capere
relic**tus erit** < relinquere	pul**sus erit** < pellere

Sī urbs **servāta erit**, cīvēs nōn fugient.
Wenn die Stadt **gerettet ist**, werden die Bürger nicht fliehen.

Schema aller Konjugationen ↗ *Tab. VI$_{2.2}$, S. 80*

1.4 *posse*

a) Formen des Präsens-Stammes

Präsens		Imprefekt		Futur
Indikativ	Konjunktiv	Indikativ	Konjunktiv	
pos-sum ich kann	**pos**-sim	**pót**-eram ich	**pos**-sem ich	**pót**-erō ich werde
pot-es du kannst	**pos**-sīs	**pót**-erās konnte	**pos**-sēs könnte	**pót**-eris können
pot-est er/sie/es kann	*usw.*	*usw.*	*usw.*	*usw.*
pos-sumus wir können				
pot-estis ihr könnt				
pos-sunt sie können				

Infinitiv
pos-se

Konjugationsschema ↗ *Tab. X$_{1.1}$, S. 88*

b) Formen des Perfekt-Aktiv-Stammes

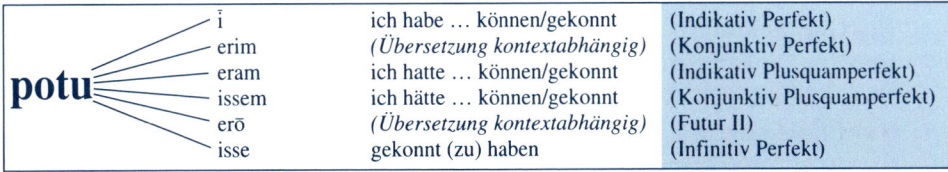

potu- →
ī	ich habe ... können/gekonnt	(Indikativ Perfekt)
erim	*(Übersetzung kontextabhängig)*	(Konjunktiv Perfekt)
eram	ich hatte ... können/gekonnt	(Indikativ Plusquamperfekt)
issem	ich hätte ... können/gekonnt	(Konjunktiv Plusquamperfekt)
erō	*(Übersetzung kontextabhängig)*	(Futur II)
isse	gekonnt (zu) haben	(Infinitiv Perfekt)

2 Nomen

2.1 Partizip Präsens Aktiv

Das **Partizip Präsens Aktiv (PPrA)** erkennt man am **Bildungselement -nt-** (N. Sg. **-ns**):

amāre	amā-**ns** (< *nts)	N. Sg.
monēre	mone-**nt**-is	G. Sg.
audīre	audi-*ent*-e	Abl. Sg.
facere	faci-*ent*-ēs	N. Pl.
dīcere	dīc-*ent*-ium	G. Pl.

-nt-

Partizip Präsens

▶ **Deklinationsschema**

amāns, -ntis *liebend*					
	Singular			Plural	
m/f		n	m/f		n
N.	amāns		amantēs		amantia
G.	amantis			amantium	
D.	amantī			amantibus	
Akk. amantem		amāns	amantēs		amantia
Abl.	amante			amantibus	

Die **Deklination des Partizip Präsens Aktiv (PPrA)** stimmt mit der der **,einendigen'** **Adjektive** der **Adjektivgruppe II** (↗ II A 2.4, S. 32: *prūdēns, -ntis*) überein. Ausnahme: **Abl. Sg.: -e.**

Zur Verwendung des Partizip Präsens Aktiv (PPrA) ↗ *III B 2.1–2.6, S. 50 f.*

2.2 Partizip Futur Aktiv

Das **Partizip Futur Aktiv (PFA)** erkennt man am **Bildungselement -ur-**, das an den **PPP-Stamm** angefügt ist.

amāre amāt-**ūr-us/-a/-um**		rīdēre rīs-**ūr-us/-a/-um**	amātūrus einer, **der** lieben **wird/will**
audīre audīt-**ūr-us/-a/-um**		mittere miss-**ūr-us/-a/-um**	
relinquere relict-**ūr-us/-a/-um**		pellere puls-**ūr-us/-a/-um**	
capere capt-**ūr-us/-a/-um**			
esse fut-**ūr-us/-a/-um**			

-ur-

Partizip Futur

Die **Deklination** des **Partizip Futur Aktiv** stimmt mit der der Adjektive der **Adjektiv-gruppe I** (↗ I A 2.3 b, S. 20) überein.

Das **Partizip Futur Aktiv** bezeichnet

– den **Infinitiv Futur** in Verbindung mit der **Copula** *esse (zur Verwendung* ↗ *III B 4.1/3 a, S. 54 f.),*

– das **Partizip der Nachzeitigkeit** *(zur Verwendung* ↗ *III B 4.2/3 b, S. 54 f.).*

Cīvēs audīvērunt victōrēs in urbem **ventūrōs esse.**	Die Bürger hörten, dass die Sieger in die Stadt **kommen würden.**
Athlētae[1] in Graeciam veniēbant Olympiīs[1] **victūrī.**	Die Athleten kamen nach Griechenland **um** bei den Olympischen Spielen **zu siegen.**

2.3 Gerundium und Gerundivum

a) Das **Gerundium** ist ein **Verbalsubstantiv**, das im **Genitiv**, (selten) im **Dativ**, im **Akku-sativ** (nur in Verbindung mit *ad*) und im **Ablativ Singular** erscheint.

Man erkennt das **Gerundium** am **Bildungselement -nd-** und dem **Signalteil** der **o-Deklination** (Sg.).

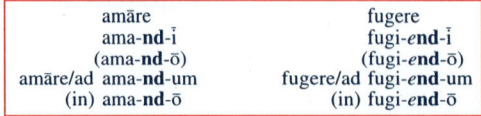

-nd-

Gerundium/ Gerundivum

Zur Verwendung und Übersetzung des Gerundiums ↗ *III B 3.1, S. 53*

b) Das **Gerundivum** ist ein **Verbaladjektiv**, das meist mit einem **Substantiv** in **KNG-Kongruenz** übereinstimmt.

Man erkennt das **Gerundivum** am **Bildungselement -nd-** und dem **Signalteil** der **Adjektivgruppe I -us/-a/-um** (Sg. u. Pl., ↗ I A 2.3 b, S. 20).

ama-**nd**-us/-a/-um	rīde-**nd**-us/-a/-um	reg-*e*nd-us/-a/-um	fugi-*e*nd-us/-a/-um

2.4 Steigerung der Adjektive

a) Bildung

▶ Bei der **regelmäßigen Steigerung** tritt an den Bedeutungteil des Adjektivs im

– **Komparativ** das **Bildungselement -ior-/-ius**
  (dekliniert wie imperāt**or**/imperāt**ōris** – temp**us**/temp**oris**),
– **Superlativ** das **Bildungselement -issim-/-rim-**
  mit dem Signalteil der Adjektivgruppe I.

-ior-/-ius
Komparativ
-issim-/-rim-
Superlativ
Steigerung

▶ Bei der **unregelmäßigen Steigerung** ist im Komparativ und Superlativ der **Bedeutungsteil** entweder **verändert** (z. B. *māgnus*, *māior*, *māximus*)
oder durch einen anderen **ersetzt** (z. B. *multī*, *plūrēs*, *plūrimī*).

	regelmäßig			unregelmäßig	
①	lāt-us	pulcher	fort-is	māgnus	multī
②	lāt-**ior**	pulchr-**ior**	fort-**ior**	**māior**	plūrēs
③	lāt-**issimus**	pulcher-**rimus**	fort-**issimus**	**māximus**	plūrimī
①	breit	schön	tapfer	groß	viele
②	breiter	schöner	tapferer	größer	mehr
③	am breitesten	am schönsten	am tapfersten	am größten	die meisten

Vollständige Tabelle ↗ IV, S. 76

b) Verwendung

▶ Die **Formen des Komparativs** und des **Superlativs** sind in der Regel in **Vergleichen** verwendet; dabei zeigt *quam* beim **Komparativ** den **Vergleich** an.

Quis **pulchrior** erat **quam** Venus?	Wer war **schöner als** Venus?

▶ Manchmal finden sie sich auch **ohne Vergleichsgegenstand**. Der **Komparativ** dient dann zum Ausdruck einer **Verstärkung** oder **Abmilderung** einer Eigenschaft.

perīculum **māius**	eine **zu hohe/ziemlich große** Gefahr
iūdicium **ācrius**	ein **recht/ziemlich scharfes** Urteil

Der **Superlativ** dient dann zum Ausdruck des **sehr hohen Grades** einer Eigenschaft.

perīculum **māximum**	eine **sehr/überaus große** Gefahr
vir **prūdentissimus**	eine **sehr kluger/blitzgescheiter** Mann

2.5 Adverb

a) Bildung

Adverbien sind entweder **erstarrte Wortprägungen** oder **aus Adjektiven geschaffene Wortbildungen**.

▶ **Erstarrte Wortprägungen:**

z. B.	**subitō**	plötzlich	**diū**	lange	**iterum**	wiederum
	nunc	jetzt	**ibi**	dort	**plērumque**	meist

▶ **Aus Adjektiven geschaffene Wortbildungen:**

Adjektivgrupe I		Adjektivgrupe II		
z. B.		z. B.		
(certus) **cert** ⟍	sicher(lich)	(crūdēlis) **crūdēl** ⟍	**iter**	grausam, auf grausame Weise
	ē			stark,
(līber) **liber** ⟋	frei(mütig)	(vehemēns) **vehement** ⟍ **er**		auf heftige Art

b) Steigerung

Das Adverb tritt auch in den Steigerungsstufen auf:

Komparativ	**celerius** cēdere quam…	**schneller** gehen als…
	fortius pūgnāre	**tapferer** kämpfen
	brevius scrībere	**recht/ziemlich** kurz schreiben
Superlativ	**celerrimē** currere	**am schnellsten/sehr schnell** laufen
	māximē timēre	**sehr stark/am meisten** fürchten
	quam **brevissimē** dīcere	*möglichst* **kurz** reden

2.6 Indefinit-Pronomina

Zu den **Indefinit-Pronomina** („unbestimmte Fürwörter") zählen:

a) aliquis – quisquam (substantivisch)

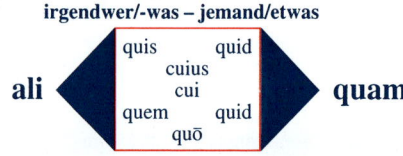

irgendwer/-was – jemand/etwas

ali quis quid / cuius / cui / quem quid / quō **quam**

① **Aliquis** dīxit …	**Jemand** hat behauptet …
② Sī **quis** putat …	Wenn **jemand** glaubt …
③ Neque **quisquam** tacet …	Und **niemand** (nicht jemand) schweigt …
④ Negō **quemquam** …	Ich behaupte, dass **niemand** (nicht jemand) …

– **aliquis/aliquid** erscheint in Sätzen mit bejahender Aussage ①.

– **quis/quid** (ohne *ali-*) lehnt sich an Wörter an wie z. B. *sī, nisī, nē, num, cum* usw. ②.

– **quisquam/quidquam (quicquam)** erscheint nur in **verneinten Sätzen** *(neque, negō)* ③ ④.

b) aliquī/aliqua/aliquod (adjektivisch)

irgendein

aliquī	aliqua	aliquod
	alicuius	
	alicuī	
aliquem	aliquam	aliquod
aliquō	aliquā	aliquō

Aliqua memoria semper manet.   **Irgendeine Erinnerung** bleibt immer.

Pl.: aliquī aliquae aliqua *usw.*

c) quisque/quidque

jeder/jedes

quisque		quidque
	cuiusque	
	cuique	
quemque		quidque
	quōque	

① Suum **cuique**!	**Jedem** das Seine!
② Unumquidque placeat!	**Jedes Einzelne** soll gefallen!

quisque/quidque lehnt sich an **Stützwörter** an, z. B. an **Pronomina** ① oder an *ūnus* ②.

2.7 Numerale: Ordnungszahlen (↗ *Tab.* III, S. 75)

B   Lehre vom Satz

1   Verwendung des Konjunktivs

1.1   im Hauptsatz

Konjunktiv Präsens		
Dīcat aliquis…	Es könnte einer sagen…	Aussage über eine **Möglichkeit**
Statim **veniās**!	**Komm doch** sofort!	**Wunsch** an die 2. P. Sg. oder Pl.
Nē **taceātis**!	**Schweigt bitte nicht**!	
Taceat!	**Er soll schweigen**!	**Befehl** an die 3. P. Sg. oder Pl.
Nē **sīmus** inīquī!	**Lasst uns nicht/Wollen wir nicht** ungerecht **sein**!	**Aufforderung** an die 1. P. Pl.
Quid **faciam**?	Was **soll ich tun**?	**Überlegende Frage** an die
Quō **fugiāmus**?	Wohin **sollen wir fliehen**?	1. P. Sg. oder Pl.
Konjunktiv Perfekt		
Nē **timueris**!	**Fürchte dich nicht**!	**Verbot** an die 2. P. Sg. oder Pl.
Nē mē **reliqueritis**!	**Verlasst** mich **nicht**!	

1.2   im Gliedsatz

   a)   **Erscheinungsformen**

Gliedsatz im Konjunktiv Präsens und Imperfekt		

Rogō (Rogāvī) tē,
   ut mē **iuvēs (iuvārēs)**/
 	
   nē mē **dēspiciās**
   (**dēspicerēs**).
	Ich bitte (bat) dich,
	   dass du mich **unterstützt**
	   (mich **zu unterstützen**)/
	   dass du mich **nicht verachtest**
	   (mich **nicht zu verachten**).
		Abhängiger Begehrsatz
		(als Objekt)

Timeō (Timēbam),
   nē[1] mē **relinquās (relinquerēs)**.
	Ich fürchte (fürchtete),
	   dass du mich **verlässt**.
		[1]($\nearrow$ IV B 5.2, S. 68)

Ubī fīnēs **sint (essent)**, certum nōn est (erat).	Wo die Grenzen **sind (waren)**, ist (war) nicht sicher.	**Abhängiger Fragesatz** (als Subjekt)
Rōmānī bella parant (parābant), **ut** pācem **habeant (habērent)**.	Die Römer rüsten (rüsteten) zum Krieg, **damit sie** Frieden **haben (hatten)** (**um** Frieden **zu haben**).	**Finalsatz** (als Adverbiale)
Timor meus tantus est (erat), **ut** nōn **maneam (manērem)**.	Meine Furcht ist (war) so groß, **dass** ich nicht **bleibe (blieb)**.	**Konsekutivsatz** (als Adverbiale)
Amīcus mē iuvat (iūvit), **cum** miser **sim (essem)**.	Der Freund hilft (half) mir, **da** es mir schlecht **geht (ging)**.	**Kausalsatz** (als Adverbiale)
Gliedsatz im Konjunktiv Perfekt und Plusquamperfekt		

Quaerō (quaesīvī),
   cūr nōn **vēneris (vēnissēs)**.
	Ich frage (fragte),
	   warum du nicht **gekommen**
	bist.
		Abhängiger Fragesatz
		(als Objekt)

Fugiunt (Fūgērunt),
   cum urbs **dēlēta sit (esset)**.
	Sie fliehen (flohen),
	   als die Stadt **zerstört worden**
	ist (worden war).
		Temporalsatz
		(als Adverbiale)

b) Syntaktische Funktionen der Gliedsätze

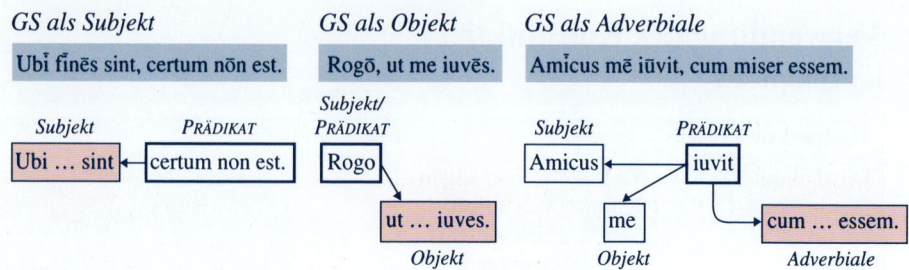

GS als Subjekt   *GS als Objekt*   *GS als Adverbiale*

Ubi fīnēs sint, certum nōn est.   Rogō, ut me iuvēs.   Amīcus mē iūvit, cum miser essem.

c) Zeitverhältnisse im konjunktivischen Gliedsatz

Hauptsatz	Gliedsatz	
Präsens / Futur I	*Konj. Präsens*	Gleichzeitigkeit
Rogō/ Rogābō tē,	ut statim **veniās**.	
Ich bitte dich/ werde dich bitten,	dass du sofort **kommst** (sofort zu kommen).	
Imperfekt / Perfekt	*Konj. Imperfekt*	
Rogābam/Rogāvī tē,	nē **tacērēs**.	
Ich bat dich/ habe dich gebeten,	dass du nicht **schweigst** (nicht zu schweigen).	
Präsens / Futur I	*Konj. Perfekt*	Vorzeitigkeit
Ignōrāmus/Ignōrābimus,	cūr beātī nōn **fueritis**.	
Wir wissen nicht/ werden nicht wissen,	warum ihr nicht glücklich **gewesen seid**.	
Imperfekt / Perfekt	*Konj. Plusquamperfekt*	
Omnēs laetī **erant/fuērunt**,	cum pāx **facta esset**.	
Alle waren froh,	als Frieden **geschlossen (worden) war**.	

1.3 im Haupt- und Gliedsatz

Konjunktiv Imperfekt		
Sī hoc **scīrem**, **dīcerem**.	**Wenn** ich das **wüsste**, **würde** ich es **sagen**.	Kondizionalsatz: Irrealis der Gegenwart
Konjunktiv Plusquamperfekt		
Sī hoc **scīvissem**, **dīxissem**.	**Wenn** ich das **gewusst hätte**, **hätte** ich es **gesagt**.	Kondizionalsatz: Irrealis der Vergangenheit

2   Die Konstruktion des Ablativus absolutus

2.1   Bestimmung

Als **Ablativus absolutus (Abl. abs.)** bezeichnet man die Verbindung eines **Nomens im Ablativ** mit einem **Partizip im Ablativ (KNG-Kongruenz)**.

Der Begriff „Ablativus absolutus" erklärt sich daraus, dass hier das Nomen im Ablativ für sich im Satz keine syntaktische Funktion hat, also gewissermaßen vom Satz „losgelöst" („absolut") ist. Erst die Einheit „Ablativ mit Partizip" stellt eine syntaktisch vollständige Ergänzung zum Prädikat dar.

2.2   Syntaktische Funktion

Der **Ablativus absolutus** erfüllt wie das Participium coniunctum (PC ↗ II B 2.2, S. 38) die **syntaktische Funktion** des **Adverbiales**.

a) Partizip Präsens Aktiv: Gleichzeitigkeit

PC	Abl. abs.
Cīvēs **Rōmulum** iūstē **rēgnantem** amābant.	Cīvēs **Rōmulō** iūstē **rēgnante** quiētī erant.

Satzmodell:

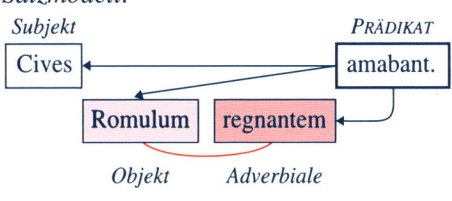

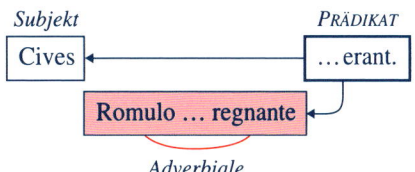

Die Bürger liebten **Romulus**,
  weil **er** gerecht **herrschte**
  (wegen **seiner gerechten Herrschaft**).
	Die Bürger verhielten sich ruhig,
	  weil **Romulus** gerecht **herrschte**
	  (wegen **der gerechten Herrschaft des Romulus**).

b) Partizip Perfekt Passiv: Vorzeitigkeit

PC	Abl. abs.
Cīvēs **urbem conditam** statim amāvērunt.	Cīvēs **urbe conditā** quiētī erant.

Satzmodell:

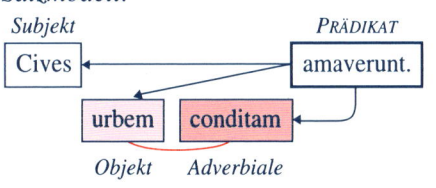

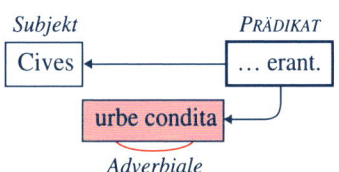

Die Bürger liebten **die Stadt** sogleich,
  als **sie gegründet war**
  (sofort **nach ihrer Gründung**).
	Die Bürger verhielten sich ruhig,
	  als **die Stadt gegründet war**
	  (nach der Gründung der Stadt).

2.3 Satzwertigkeit

Da der **Abl. abs.** eine einem Gliedsatz entsprechende Aussage enthält, bezeichnet man diese Konstruktion als **satzwertig**.

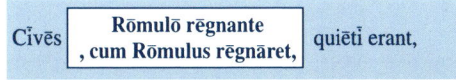

2.4 Ablativus absolutus: Nominale Wendungen

In einigen Wendungen steht beim **Abl. abs.** statt des Partizips ein **Nomen**, z.B.:

Rōmulō rēgnante	~ **Rōmulō rēge**	unter der Königsherrschaft des Romulus
Rōmānīs dūcentibus	~ **Rōmānīs dūcibus**	unter der Führung der Römer
	cīvitāte salvā	solange der Staat in Ordnung ist/war

2.5 Wiedergabe des Ablativus absolutus (↗ III B 2.6, S. 52)

Der **Abl. abs.** kann im Deutschen **auf dreifache Weise** wiedergegeben werden, und zwar durch

1. **Unterordnung** (adverbialer Gliedsatz):	**..., als die Stadt gegründet war.**
2. **präpositionale Verbindung**:	**... nach der Gründung der Stadt.**
3. **Beiordnung** (Hauptsatz mit Konjunktion und/oder Adverb):	**Die Stadt war gegründet worden; daraufhin ...**

Bei Wiedergabe mit einem **adverbialen Gliedsatz** empfiehlt sich folgende **Umbauregel**:

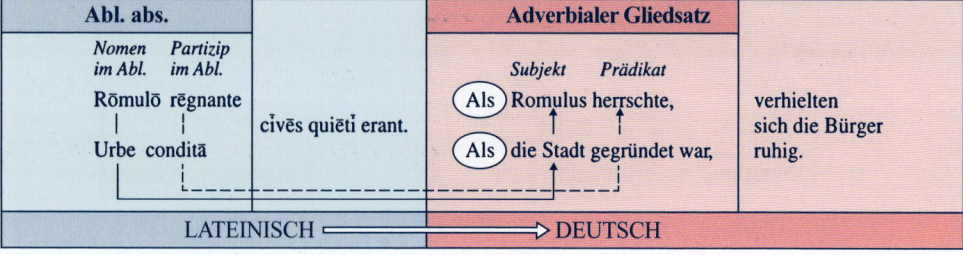

Abl. abs.		Adverbialer Gliedsatz	
Nomen im Abl. — *Partizip im Abl.*		*Subjekt* — *Prädikat*	
Rōmulō rēgnante	cīvēs quiētī erant.	(Als) Romulus herrschte,	verhielten sich die Bürger ruhig.
Urbe conditā		(Als) die Stadt gegründet war,	

LATEINISCH ⟹ DEUTSCH

2.6 Ablativus absolutus – Participium coniunctum (Zusammenfassung)

Wie beim **PC** kommt dem **Abl. abs.** neben der **syntaktischen Funktion** auch eine **semantische Funktion** zu. Der Abl. abs. kann **dieselben Sinnrichtungen** wie das **PC** ausdrücken (↗ II B 2.2 c, S. 38).

	SINNRICHTUNGEN				
	temporal	kausal	modal	konzessiv	kondizional
PARTICIPIUM CONIUNCTUM	Rōmam **videntēs**/ In urbem **ductī** gaudēbāmus.	Pācem **accipientēs**/ Bellō **līberātī**[1] beātī sumus.	Multī **lūdentēs**/ Lūdīs **dēditī**[1] vītam agunt.	Multum **timentēs**/ Timōribus **oppressī** hoc prō amīcīs gessimus.	Nova semper **inveniēns**/Inventor[1] **appellātus** clārus eris.
	Beim Anblick Roms/Als wir in die Stadt **geführt worden waren**, freuten wir uns.	**Da wir** den Frieden **bekommen**/ vom Krieg **befreit sind**, sind wir glücklich.	Viele verbringen **mit Spielen**/ dem Spiel **ergeben** ihr Leben.	**Obwohl wir** viel **Angst hatten**/ von Ängsten **bedrückt waren**, haben wir dies für die Freunde getan.	**Wenn du** immer Neues **erfindest**/ zum Erfinder **ernannt bist**, wirst du berühmt sein.
ABLATIVUS ABSOLUTUS	Athlētīs[1] in urbem venientibus/ Adventū āthlētārum[1] nūntiātō multī plaudēbant.	Pāce factā/ Bellō nōn iam imminente quiētī sumus.	Nūllō arcente hostēs in urbem invāsērunt.	Multīs perīculīs imminentibus timōre vacābāmus.	Māgnīs dīvitiīs comparātīs clārus, nōn beātus eris.
	Als die Sportler in die Stadt kamen/Als die Ankunft der Sportler gemeldet worden war, klatschten viele Beifall.	**Frieden ist geschlossen**/ **Kein Krieg droht mehr**; *deshalb* sind wir beruhigt.	**Ohne dass einer (sie) hinderte**, drangen die Feinde in die Stadt ein.	**Obwohl viele Gefahren drohten**, hatten wir keine Angst. **Viele Gefahren drohten**; *trotzdem* hatten wir keine Angst.	**Wenn (von dir) großer Reichtum angehäuft worden ist**, wirst du berühmt sein, aber nicht glücklich sein.
ÜBERSETZUNGSMÖGLICHKEITEN (GZ= bei Gleichzeitigkeit – VY = bei Vorzeitigkeit)					
Unterordnung	**GZ** während **VZ** als/nachdem	da/weil	indem/wobei/ ohne dass (bei Verneinung)	obwohl/ wenn auch	wenn/falls
präp. Verb.	**GZ** während **VZ** nach	wegen/ infolge	bei/unter	trotz	bei/im Falle
Beiordnung	**GZ** dabei **VZ** daraufhin/dann	daher/ deshalb	dabei/dadurch	trotzdem/ dennoch	–

3 Die Konstruktion des Gerundiums und des Gerundivum-V

3.1 Gerundium

a) Verwendung

Das **Gerundium** drückt als **Verbalsubstantiv** (↗ III A 2.3 a, S. 46) einen **sich vollziehenden Vorgang** aus. Es erfüllt im Satz meist die **syntaktische Funktion** des **Adverbiales** oder des **Attributs**, gelegentlich auch die des **Objekts**.

① **Legendō** memoriam augeō.	**Durch Lesen/Indem ich lese,** fördere ich mein Gedächtnis.
② Cōnsilium **studendī** cēpī.	Ich fasste den Plan **zu studieren.**
③ Cupidissimus sum **quaerendī.**	Ich habe größte Lust **zu forschen/auf Forschen.**
④ **Sciendī causā** studeō.	**Des Wissens wegen/Um (etwas) zu wissen** studiere ich.

Das **Gerundium** ist häufig mit ‚Objekt' und/oder ‚Adverbiale' verbunden.

ars *litterās* **scribendī**	die Kunst *einen Brief* **zu schreiben**
cupiditās *brevī cum amīcis* *Rōmam* **veniendī**	der Wunsch *bald mit den Freunden nach Rom* **zu kommen**

b) Wiedergabe im Deutschen

Das **Gerundium** lässt sich wiedergeben mit

– einem **Vorgangssubstantiv** ① ③ ④,
– einem **Infinitiv** *(zu ...)* ② ③,
– einem **erweiterten Infinitiv** *(um ... zu)* bei *causā* ④,
– einem **adverbialen Gliedsatz** *(indem/wobei ...)* beim Ablativ ①.

Bei Wiedergabe mit einem **Infinitiv** oder einem **Vorgangssubstantiv** empfiehlt sich folgende **Umbauregel**:

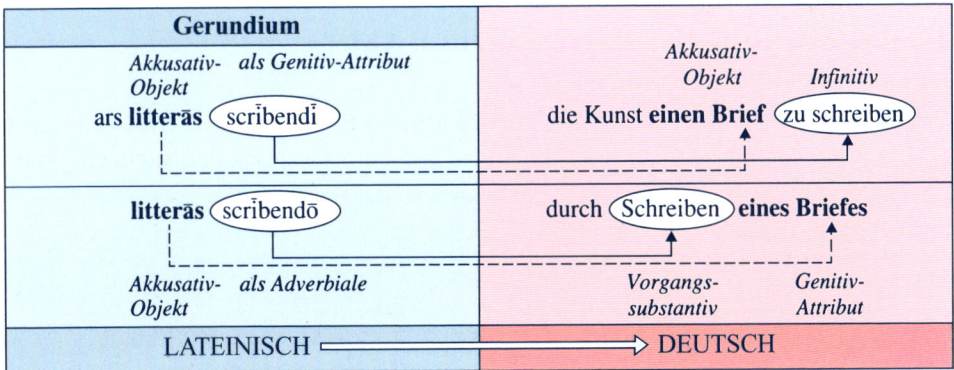

3.2 Gerundivum-V

a) Verwendung

Als **Gerundivum-V** bezeichnet man die Verbindung eines **Nomens mit dem Gerundivum** (↗ III A 2.3 b, S. 47).
Diese Konstruktion drückt wie das Gerundium einen **sich vollziehenden Vorgang** aus.
Das **Gerundivum-V** erfüllt im Satz meist die **syntaktische Funktion** des **Adverbiales** oder des **Attributs**, gelegentlich auch die des **Objekts**.

14

① Sociī cōnsilium **urbis dēfendendae** cēpērunt.	Die Verbündeten fassten den Plan	**die Stadt zu verteidigen.** / **zur Verteidigung der Stadt.**
② **Cīvium servandōrum causā** ad urbem ac-cessērunt.	**Um die Bürger zu retten** / **Zur Rettung der Bürger**	marschierten sie zur Stadt.
③ **Auxiliō** *celeriter* **dandō** multōs cīvēs servāre studēbant.	**Durch** *schnelle* **Hilfeleistung** / **Indem sie** *schnell* **Hilfe leisteten,**	bemühten sie sich viele Bürger zu retten.
④ **Dē pāce facienda** dēlīberāvērunt.	Sie dachten **über den Friedensschluss** nach.	

b) Wiedergabe im Deutschen

Das **Gerundivum-V** lässt sich wiedergeben mit
– einem **Vorgangssubstantiv** ① ② ③ ④,
– einem **Infinitiv** *(zu …)* ①,
– einem **erweiterten Infinitiv** *(um … zu)* bei *causā* ②,
– einem **adverbialen Gliedsatz** *(indem/wobei …)* ③.

Für die Wiedergabe des **Gerundivum-V** mit einem **Infinitiv** oder einem **Vorgangssubstantiv** empfiehlt sich folgende **Umbauregel**:

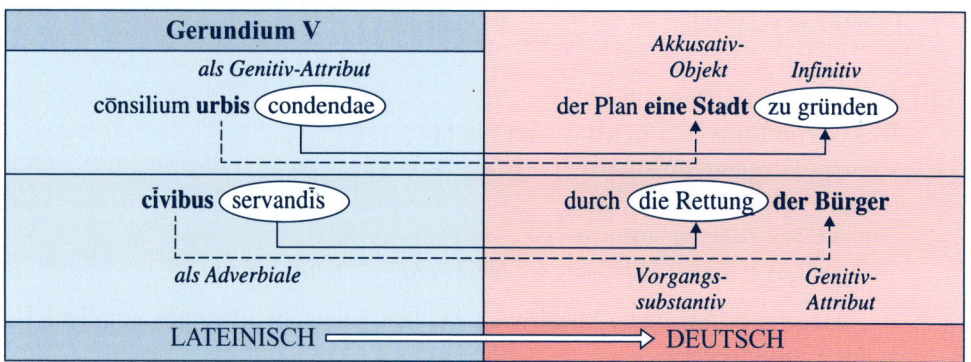

15

4 Verwendung des Partizip Futur Aktiv

4.1 als Infinitiv Futur im AcI

Der **Infinitiv Futur**, aus dem **Partizip Futur Aktiv** (↗ III A 2.2, S. 46) und der **Copula** *esse* gebildet, begegnet im **AcI** und dient hier zum Ausdruck der **Nachzeitigkeit**.

Rōmānī putābant **omnēs Gallōs imperiō suō brevī servītūrōs esse.**	Die Römer glaubten, **dass alle Gallier ihrer Herrschaft bald unterworfen sein würden.**
Caesar spērābat **Germānōs quiētōs futūrōs esse/ quiētōs fore.**	Cäsar hoffte, **dass die Germanen sich ruhig verhalten würden.**

Der **Infinitiv Futur** von *esse* lautet *futūrum/-am/-um esse*. Dafür begegnet gelegentlich auch *fore*.

4.2 als PC zum Ausdruck der Nachzeitigkeit

Caesar exercitum ad Rhēnum flūmen dūxit in Germāniam **invāsūrus.**	Cäsar führte sein Heer zum Rhein **um nach Germanien vorzudringen** (**, weil** er nach Germanien vordringen **wollte**).

4.3 Zeitverhältnisse (Zusammenfassung)

a) im AcI

Vorzeitigkeit	Gleichzeitigkeit	Nachzeitigkeit
Graecōs Trōiam **dēlēvisse**/ Trōiam ā Graecīs **dēlētam esse** cōnstat.	Graecī sciēbant Trōiānōs urbem fortiter **dēfendere**/urbem ā Trōiānīs fortiter **dēfendī**.	Aenēās crēdēbat deōs nōnnūllōs Trōiānōs **servātūrōs esse**.
Dass die Griechen Troja **zerstört haben**/ Dass Troja von den Griechen **zerstört worden ist**, steht fest.	Die Griechen wussten, dass die Trojaner die Stadt tapfer **verteidigten**/ dass die Stadt von den Trojanern tapfer **verteidigt wurde**.	Äneas glaubte, dass die Götter einige Trojaner **retten würden**.

b) in den Partizipialkonstruktionen

	Vorzeitigkeit	Gleichzeitigkeit	Nachzeitigkeit
PC	Cīvēs Trōiam **dēlētam** reliquērunt.	Trōiānī ex urbe **fugientēs** auxilium ā deīs spērābant.	Trōiānī ex urbe fūgērunt salūtem **petitūrī**.
Abl. abs.	**Trōiā dēlētā** cīvēs fūgērunt.	**Trōiānīs fugientibus** Graecī urbem dēlēvērunt.	
	Die Bürger verließen Troja, **als es zerstört worden war**.	Die Trojaner erhofften, **als sie** aus der Stadt **flohen**, Hilfe von den Göttern.	Die Trojaner flohen aus der Stadt **um** Rettung **zu suchen**.
	Als Troja zerstört worden war, flohen die Bürger.	**Während** die Trojaner **flohen**, zerstörten die Griechen die Stadt.	

5 Reflexiv-Pronomina im AcI

Die **Reflexiv-Pronomina SE, SIBI** (↗ II A 2.5 d, S. 35) und **SUUS/SUA/SUUM** im AcI beziehen sich meist auf das Subjekt des Satzes, in dem der AcI steht.

Caesar putābat sē Gallōs cōpiīs **suis** victūrum esse.	Cäsar glaubte, dass **er** mit **seinen** Truppen die Gallier besiegen werde.
Rōmānī dīcēbant **sibī** omnēs gentēs servīre.	Die Römer behaupteten, dass **ihnen** alle Völker untertan seien.

6 Kasuslehre

Der **Dativ** wird häufig in unterschiedlicher semantischer Funktion nebeneinander verwendet. Er bezeichnet

6.1 – die **Person, zu deren Vorteil** etwas geschieht: **Vorteils-Dativ** (**Dativus commodi**, ↗ I B 2.2, S. 24), und

6.2 – die **Sache**, die das **Ziel** (*fīnis*) einer Handlung darstellt: **Ziel-Dativ** (**Dativus finalis**). Beide Erscheinungsformen des Dativs treten in der Regel zusammen auf.

Rōmānī: *Cēterīs gentibus* **praesidiō** sumus.	Die Römer: Wir sind *für die übrigen Völker* **zum Schutz** da.
Nē sit *tibī* haec īra **damnō**!	Hoffentlich bringt *dir* dieser Zorn **keinen Schaden**!
Venīte *nōbīs* **auxiliō**!	Kommt *uns* **zu Hilfe**!

C Lehre vom Text

Texte verfolgen bestimmte Absichten; sie wollen entweder etwas **ausdrücken** oder etwas **objektiv darstellen** oder nachdrücklich an jemanden **appellieren**. Je nach ihrer Intention (Absicht) unterliegen die Texte unterschiedlichen Bedingungen und werden von bestimmten sprachlichen Mitteln vorherrschend bestimmt.

Man unterscheidet verschiedene **Textsorten:**

1 Erzählende Texte

Erzählende Texte haben entweder persönliche Erlebnisse des Erzählers oder vergangene Handlungen, Vorgänge und Ereignisse in der Form von Geschichten, Episoden Fabeln oder Sagen zum Thema. In der **Erlebniserzählung** tritt der Erzähler in den Vordergrund, in der **geschichtlichen Erzählung** bleibt er meistens im Hintergrund.

Die verwendeten **Tempora** sind **Perfekt** und **Präsens** als **historisches** oder **dramatisches Präsens**. Sie erfassen den **Geschehensvordergrund**. Der **Geschehenshintergrund** wird durch **Imperfekt** oder **Plusquamperfekt** gekennzeichnet. Vorherrschender **Modus** ist in der Regel der **Indikativ**.

2 Beschreibende Texte

Beschreibende Texte stellen erkennbare Merkmale von Personen, Sachen oder Erscheinungen in anschaulich nachvollziehbarer Form dar. In der **Personenbeschreibung** werden auffallende Merkmale oder Eigenschaften besonders durch Adjektive gekennzeichnet. **Sach- und Bildbeschreibung** suchen einen Gegenstand nach Form, Beschaffenheit und Funktion zu veranschaulichen und zu erklären. Das **Tempus** ist in der Regel das **Präsens**, der **Modus** der **Indikativ**.

3 Dialogisierte Texte

Dialogisierte Texte sind entweder das **Gespräch** oder der **Brief**.

3.1 Das Gespräch (Dialog, Wechselrede) besteht aus mündlich gedachten Beiträgen von zwei oder mehreren Gesprächspartnern. Diese Beiträge sind in **Frage und Antwort** oder in **Rede und Gegenrede** aufeinander bezogen. Es herrschen die **1.** und **2. P. Sg.** oder **Pl.** vor. Das **Tempus** ist in der Regel entweder das **Präsens** oder das **Perfekt**. Als häufiger **Modus** tritt der **Konjunktiv** oder auch der **Imperativ** auf.

3.2 Der Brief stellt eine Art **einseitiger Dialogsituation** dar, insofern **ein Sprecher**, der Briefschreiber, unterschiedliche Formen von Kontakten mit einer **zweiten Person**, dem Adressaten des Briefes, aufnimmt. **Leittempus** ist das **Präsens**. Als **Modus** begegnet hier sehr oft der **Konjunktiv** oder der **Imperativ**, z. B. in den Schlussformeln: *Cura, ut valeas!* oder *Vale!*

4 Rhetorische Texte

Unter **rhetorischen Texten** versteht man vor allem die verschiedenen Formen der Rede, z. B. die öffentliche Rede, die Gerichtsrede, den Monolog.

Öffentliche Rede und **Gerichtsrede** zielen darauf ab, die Angeredeten mit festgelegten Strategien **zu überzeugen, zu beeinflussen** oder **innerlich aufzurütteln**. Vorherrschende **Personen** sind die **2. P. Sg.** und **Pl.** Als **Modus** erscheint häufig der **Konjunktiv** der Aufforderung und der überlegenden Frage, aber auch der **Imperativ**. Gegenüber dem Brief weist die antike Rede, vor allem wenn sie zur Veröffentlichung bestimmt war, einen stärker unterordnenden und breiter angelegten Satzbau auf.

A Lehre vom Wort

1 Verb

1.1 Deponentien

a) **Formen des Präsens-Stammes**

▶ **Erscheinungsform und Bildung**

Bedeutungs-teil	Signalteil		
	Kenn-vokal	Tempus-Zeichen	Person-/Infinitiv-Zeichen
hort—	ā—		—tur
hort—	ā—	bā—	—tur
hort—	ā—	bi—	—tur
hort—	ā—		—rī
Präsens-Stamm			

		Aber:	
er mahnt	mone-t	monē-**tur**	er **wird** gemahnt
er mahnte	monē-**bat**	monē-**bātur**	er **wurde** gemahnt
er wird mahnen	monē-**bit**	monē-**bitur**	er **wird** gemahnt **werden**
mahne**n**	monē-**re**	monē-**rī**	gemaht **werden**

Als **Deponens** wird ein lateinisches Verb bezeichnet, das **passivische Formen**, aber **aktivische Bedeutung** hat; es hat seine passivische Bedeutung sozusagen abgelegt (vgl. *dēpōnere*: ablegen).

Deponentien gibt es in allen Konjugationsklassen.

▶ **Konjugationsschema**

Indikativ

	Präsens		Imperfekt		Futur I	
Sg. 1.P.	**or**	ich mahne	**ā-ba-r**	ich mahnte	**ā-b-or**	ich werde mahnen
2.P.	**ā-ris**	du mahnst	**ā-bā-ris**	du mahntest	**ā-be-ris**	du wirst mahnen
3.P.	hort- **ā-tur**	er/sie/es mahnt	hort- **ā-bā-tur**	er/sie/es mahnte	hort- **ā-bi-tur**	er/sie/es wird mahnen
Pl. 1.P.	**ā-mur**	wir mahnen	**ā-bā-mur**	wir mahnten	**ā-bi-mur**	wir werden mahnen
2.P.	**ā-minī**	ihr mahnt	**ā-bā-minī**	ihr mahntet	**ā-bi-minī**	ihr werdet mahnen
3.P.	**a-ntur**	sie mahnen	**ā-ba-ntur**	sie mahnten	**ā-bu-ntur**	sie werden mahnen

i-a-r	ich werde sterben	
i-ē-ris	du wirst sterben	
mor- **i-ē-tur**	er/sie/es wird sterben	
i-ē-mur	wir werden sterben	
i-ē-mini	ihr werdet sterben	
i-e-ntur	sie werden sterben	

Konjunktiv

	Präsens	Imperfekt	
Sg. 1.P.	**e-r**	**ā-re-r**	ich würde mahnen
2.P.	**ē-ris**	**ā-rē-ris**	du würdest mahnen
3.P.	hort- **ē-tur**	hort- **ā-rē-tur**	er/sie/es würde mahnen
Pl. 1.P.	**ē-mur**	**ā-rē-mur**	wir würden mahnen
2.P.	**ē-mini**	**ā-rē-mini**	ihr würdet mahnen
3.P.	**e-ntur**	**ā-re-ntur**	sie würden mahnen

Rogāvī tē, nē **cunctārēris**.	Ich bat dich (, dass **du nicht** zögertest) **nicht zu zögern**.
Hortārēmur vōs, sī cunctārēmini.	Wir **würden** euch **mahnen**, wenn **ihr zögertet**.

Imperativ

Singular			Plural		
hortā—		mahne!	hortā—		mahnt!
mentī—	**re!**	lüge!	mentī—	**minī!**	lügt!
īrāsc-*e*		zürne!	īrāsc-*i*		zürnt!
mór*e*		stirb!	mori		sterbt!

Schema aller Konjugationen der Deponentien ↗ *Tab. VIII₁, S. 85*

▶ **Nominalformen**

Infinitiv		
hortā	**rī**	mahnen
mentī		lügen
īrāsc	**ī**	zürnen
mor		sterben

Omnia animālia **morī** dēbent. Alle Lebewesen müssen **sterben**.

Partizip Präsens, Gerundium und **Gerundivum** sind wie bei jedem anderen Verb gebildet.

Partizip Präsens		
hortā-**ns, -ntis**	mahn**end**	Hominī **mentientī** Einem Lügner
menti-**ēns, -entis**	lüg**end**	nōn crēditur. glaubt man nicht.
Gerundium		
horta-**nd-ī**, ad horta-**nd-um**, horta-**nd-ō**		nūlla causa ⸜hortandī⸝ kein Grund ⸜zur Ermahnung / zu ermahnen
menti-**end-ī**, ad menti-**end-um**, menti-**end-ō**		⸜mentiendī ⸜zum Lügen / zu lügen
Gerundivum		
horta-**nd-us/-a/-um**		causa fīliī hortandī ein Grund den Sohn **zu ermahnen**
menti-**end-us/-a/-um**		ad fābulās mentiendās **zum Erfinden** von Geschichten /
		um Geschichten **zu erfinden**
		cīvibus hortandīs **durch Ermahnung** der Bürger

b) Formen des Partizip-Perfekt-Stammes der Deponentien

Der **Partizip-Perfekt-Stamm der Deponentien (PPD-Stamm)** entspricht in der Form dem **Partizip-Perfekt-Passiv-Stamm (PPP-Stamm**, ⬈ II A 2.7, S. 35).

▶ **Bildung**

Bedeutungsteil	Signalteil				Aber:
hortāt—	—us est	er hat gemahnt / mahnte	monuit	monitus est	er ist gemahnt worden/wurde gemahnt
PPD-Stamm					

▶ **Konjugationsschema**

hortāt **us/-a(/-um)** / **ī/-ae(/-a)**	Indikativ		Konjunktiv		
	Perfekt	Plusquam-perfekt	Futur II	Perfekt	Plusquam-perfekt
	sum	eram	erō	sim	essem
	es	erās	eris	sīs	essēs
	est	erat	erit	sit	esset
	sumus	erāmus	erimus	sīmus	essēmus
	estis	erātis	eritis	sītis	essētis
	sunt	erant	erunt	sint	essent

Vōs **hortātī essēmus, sī** cunctātī **essētis.** Wir **hätten** euch gemahnt, wenn **ihr** gezögert **hättet.**

ich habe	hatte		ich hätte	
du hast	hattest		du hättest	
er/sie/es hat	hatte	gemahnt	er/sie/es hätte	gemahnt
wir haben	hatten		wir hätten	
ihr habt	hattet		ihr hättet	
sie haben	hatten		sie hätten	

Schema aller Konjugationen der Deponentien ⬈ *Tab. VIII₂, S. 86*

▶ **Nominalformen**

Infinitiv Perfekt		
hortātum/-am(/-um) esse	gemahnt (zu) haben	Orāculum numquam **mentītum esse** cōnstat. Dass das Orakel niemals **gelogen hat,** steht fest.
mentītum /-am(/-um) esse	gelogen (zu) haben	**Oedipūs** cīvēs **hortātus** ōrāculum cōnsuluit. **Als Ödipus** die Bürger **ermahnt hatte,** wandte er sich an das Orakel um Rat.
Partizip Perfekt		
hortātus/-a(/-um)	einer, der ermahnt hat	*Aber:* **arbitrātus** ... im Glauben ... *(einen gleichzeitigen*
mentītus/-a(/-um)	gelogen hat	**veritus** ... aus Furcht ... *Vorgang erfassend)*
Partizip Futur		
hortātūrus/-a(/-um)	einer, der mahnen wird	Oedipūs ōrāculum nōn **mentītūrum** esse putāvit. Ödipus glaubte, dass das Orakel nicht **lügen werde.**
mentītūrus/-a(/-um)	lügen wird	

⬈ *Tab. VIII₃, S. 86*

1.2 *īre*

a) Formen des Präsens-Stammes

▶ **Bildung**

Bedeutungsteil	Signalteil	
	Bindevokal | Person-Zeichen	
i —————— t		er/sie/es geht
e ——— *u* ——— nt		sie gehen
Präsens-Stamm		

▶ **Konjugationsschema**

Indikativ – Konjunktiv – Imperativ

	Indikativ Präsens		Konjunktiv	Imperativ	
Sg. 1. P.	e-ō	ich gehe	e-am		
2. P.	ī-s	du gehst	e-ās	ī!	gehe!
3. P.	i-t	er/sie/es geht	*usw.*		
Pl. 1. P.	ī-mus	wir gehen			
2. P.	ī-tis	ihr geht		ī-te!	geht!
3. P.	e-*u*nt	sie gehen			

Eāmus!   Gehen wir!/ Lasst uns gehen!

Vollständiges Konjugationsschema
↗ *Tab. X$_{1.1}$, S. 88*

Imperfekt – Futur I

Imperfekt				Futur I	
Indikativ		Konjunktiv			
ī-bam	ich ging	ī-rem	ich würde gehen	ī-bō	ich werde gehen
ī-bās	du gingst	ī-rēs	du würdest gehen	ī-b*i*s	du wirst gehen
usw.		*usw.*		*usw.*	

Irēmus,   **Wir würden gehen,**
sī possēmus.   **wenn wir könnten.**

Vollständiges Konjugationsschema ↗ *Tab. X$_{1.1}$, S. 88*

▶ **Nominalformen**

Infinitv Präsens	
i-re gehen	
Partizip Präsens	
i-*ē*ns,	
e-*u*ntis	
Gerundium	
e-*u*ndī	
Gerundivum	
e-*u*ndus/-a/-um	
Partizip Futur	
it-ūrus/-a/-um	

Ire debēmus.	Wir müssen **gehen**.
Pedibus **iēns** ad finem veniēs	Zu Fuß **(gehend)** wirst du ans Ziel kommen.
Eundō tibi nōn nocēbis.	**Durch Gehen** wirst du dir nicht schaden.
Eundum est.	Man **muss gehen**.
Tē brevī domum **itūrum** esse spērō.	Ich hoffe, dass du bald nach Hause **gehen wirst/gehst**.

b) Formen des Perfekt-Aktiv-Stammes

▶ **Bildung**

Bedeutungsteil	Signalteil	
i — it		er/sie/es ist gegangen/ging
i — ērunt		sie sind gegangen/gingen
Perfekt-Aktiv-Stamm		

▶ **Konjugationsschema**

	Perfekt		Plusquamperfekt	
	Indikativ	Konjunktiv	Indikativ	Konjunktiv
i-ī	ich bin gegangen/	i-**erim**	i-eram	ī-ssem
ī-stī	ging	i-eris	i-erās	ī-ssēs
i-**it**	*usw.*	*usw.*	*usw.*	*usw.*
ī-imus				
ī-stis				
i-ērunt				

Sciō, quō **ieritis**.	Ich weiß, wohin **ihr gegangen seid**.
Cum Cicerō in exilium **īsset,** Rōmae multi civēs laeti nōn erant.	Als Cicero in die Verbannung **gegangen war,** waren in Rom viele Bürger nicht froh.

Infinitiv		Futur II
ĭ-sse	gegangen (zu) sein	i-**erō**
		i-**eris**
		usw.

Vōs **ab-īsse** doleō. Dass **ihr weggegangen seid**, bedaure ich.
Sī in forum **ierō**, Wenn ich auf das Forum **(gegangen bin)** gehe,
vōs vidēbō. werde ich euch sehen.

Konjugationsschema ⭧ *Tab. X₁.₁, S. 88*

1.3 *ferre*

a) Formen des Präsens-Stammes

▶ Bildung

Bedeutungs-teil	Signalteil		Aktiv
	Binde-vokal	*Person-Zeichen*	
fer		t	er/sie/es trägt
fer	*u*	nt	sie tragen
Präsens-Stamm			

Bedeutungs-teil	Signalteil		Passiv
	Binde-vokal	*Person-Zeichen*	
fer		tur	er/sie/es wird getragen
fer	*u*	ntur	sie werden getragen
Präsens-Stamm			

▶ Aktiv

Indikativ – Konjunktiv – Imperativ

		Präsens		Imperativ	
		Indikativ	Konjunktiv		
Sg.	1. P.	fer-**ō** ich trage	fer-**am**		
	2. P.	fer-**s** du trägst	fer-**ās**	**fer!**	trage!
	3. P.	fer-**t** er/sie/es trägt	*usw.*		
Pl.	1. P.	fer-*i*mus wir tragen			
	2. P.	fer-**tis** ihr tragt		fer-**te!**	tragt!
	3. P.	fer-*u*nt sie tragen			

Ferāmus **Lasst uns**
auxilium! Hilfe bringen!
Rogō vōs, Ich bitte euch
ut mihī auxilium (, dass **ihr** mir Hilfe
ferātis. **bringt**)/mir Hilfe
  zu bringen.

Imperfekt – Futur I

	Imperfekt		Futur I	
	Indikativ	Konjunktiv		
fer-**ē**bam ich trug	fer-**rem**	fer-**am** ich werde tragen	
fer-**ē**bās du trugst	fer-**rēs**	fer-**ēs** du wirst tragen	
usw.		*usw.*	

Haec perīcula **Ich würde** diese
ferrem, Gefahren **ertragen,**
sī possem. wenn ich könnte.

Nominalformen

Infinitiv	
fer-**re**	tragen/bringen
Partizip	
fer-**ē**ns, -ntis	tragend/bringend
Gerundium	
fer-**endō**	durch Tragen/Bringen

Miserīs salūtem **ferre** Den Bedrängten müssen
dēbēmus. wir Rettung **bringen.**

Quis nōn amat Wer liebt nicht
auxilium **ferentem?** **den, der** Hilfe **bringt?**

Ferendō *fātum* **Durch Ertragen** *des Schicksals*
fortis eris. wirst du tapfer sein.

▶ Passiv

		Präsens		Imperfekt		Futur I	
		Indikativ	Konjunktiv	Indikativ	Konjunktiv		
Sg.	1. P.	fer-**or** ich werde	fer-**ar**	fer-**ē**bar ich wurde	fer-**rer**	fer-**ar** ich werde
	2. P.	fer-**ris** getragen	fer-**āris**	fer-**ē**bāris getragen	fer-**rēris**	fer-**ēris** getragen werden
	3. P.	fer-**tur** *usw.*	*usw.*	*usw.*	*usw.*	*usw.*
Pl.	1. P.	fer-*i*mur				
	2. P.	fer-*i*minī				
	3. P.	fer-*u*ntur				

Nominalformen

Infinitiv	fer-**rī**
Gerundivum	fer-**endus**/-a/-um

Multīs placet nāvibus per Vielen gefällt es, auf Schiffen über
lacūs **ferrī**: die Seen **getragen zu werden**:

Perīcula **ferenda sunt.** Gefahren **sind zu ertragen.**

Vollständiges Konjugationsschema ⭧ *Tab. X₄/₅, S. 89f.*

b) Formen des Perfekt-Aktiv-/Partizip-Perfekt-Passiv-Stammes

▶ **Bildung**

Aktiv

Bedeutungteil	Signalteil	
tul—	it	er hat getragen
tul—	ērunt	sie haben getragen
Perfekt-Aktiv-Stamm		

Passiv

Bedeutungteil	Signalteil	
lāt—	us est	er ist getragen worden
lāt—	ī sunt	sie sind getragen worden
PPP-Stamm		

▶ **Aktiv**

Perfekt		Pluesquamperfekt		Futur II
Indikativ	Konjunktiv	Indikativ	Konjunktiv	
tul-**i** ich habe	tul-**erim**	tul-**eram** ich hatte	tul-**issem** ich hätte	tul-**erō**
tul-**istī** getragen/trug	tul-**eris**	tul-**erās** getragen	tul-**issēs** getragen	tul-**eris**
usw.	*usw.*	*usw.*	*usw.*	*usw.*

Infinitv		
tul-isse getragen (zu) haben	Pericula fortiter **tulisse** dulce est.	Gefahren tapfer **ertragen zu haben** ist angenehm.

▶ **Passiv**

Perfekt		Pluesquamperfekt		Futur II
Indikativ	Konjunktiv	Indikativ	Konjunktiv	
lāt-us sum ich bin getragen	lāt-us sim	lāt-us eram ich war getragen	lāt-us essem	lāt-us erō
lāt-us es worden/wurde getragen	lāt-us sīs	lāt-us erās worden	lāt-us essēs	lāt-us eris
usw.	*usw.*	*usw.*	*usw.*	*usw.*

Infinitv		
lāt-um/-am/-um/esse getragen worden (zu) sein	**Equitēs in nāvēs lātōs esse** lēgātus nūntiāvit.	**Dass die Reiter auf die Schiffe gebracht worden seien,** meldete der Offizier.

Konjugationsschema ↗ Tab. X₄/₅, S. 89f.

1.4 velle – nōlle

a) Formen des Präsens-Stammes

▶ **Bildung**

Bedeutungteil	Signalteil		
	Bindevokal	Person-Zeichen	
vul—		t	er will
vol—	u	nt	sie wollen
Präsens-Stamm			

▶ **Konjugationsschema**

Präsens				Imperfekt				Futur I	
Indikativ		Konjunktiv		Indikativ		Konjunktiv			
ich will	ich will nicht			ich wollte	ich wollte nicht	ich würde wollen	ich würde nicht wollen	ich werde wollen	ich werde nicht wollen
vol-**ō**	nōl-**ō**	vel-**im**	nōl-**im**	vol-**ēbam**	nōl-**ēbam**	vel-**lem**	nōl-**lem**	vol-**am**	nōl-**am**
vī-**s**	nōn vī-**s**	vel-**is**	nōl-**is**	vol-**ēbās**	nōl-**ēbās**	vel-**lēs**	nōl-**lēs**	vol-**ēs**	nōl-**ēs**
vul-t	nōn vul-t	*usw.*	*usw.*	*usw.*	*usw.*	*usw.*	*usw.*	*usw.*	*usw.*
vol-*u*mus	nōl-*u*mus								
vul-tis	nōn vul-tis								
vol-*u*nt	nōl-*u*nt								

▶ **Nominalformen**

Infinitiv	vel-le	wollen	Audīvī tē domum redīre **nōlle.**	Ich habe gehört, dass du **nicht** nach Hause zurückkehren **willst.**
	nōl-le	nicht wollen		
Partizip	vol-**ēns**, -ntis	wollend	Dūcunt **volentem** fāta, **nōlentem** trahunt.	Wer will, den führt das Schicksal, es reißt **den** mit sich, **der nicht will.**
	nōl-**ēns**, -ntis	nicht wollend		

Konjugationsschema ↗ Tab. X₁.₂, S. 88

b) Formen des Perfekt-Aktiv-Stammes

▶ **Bildung**

Bedeutungsteil	Signalteil
volu—— it	
nōlu—— ērunt	
Perfekt-Aktiv-Stamm	

▶ **Konjugationsschema**

	Perfekt			Plusquamperfekt			
Indikativ		**Konjunktiv**		**Indikativ**		**Konjunktiv**	
ich habe gewollt/ wollte	ich habe nicht gewollt/ wollte nicht			ich hatte gewollt	ich hatte nicht gewollt	ich hätte gewollt	ich hätte nicht gewollt
volu-**i** volu-**istī** *usw.*	nōlu-**i** nōlu-**istī** *usw.*	volu-**erim** volu-**eris** *usw.*	nōlu-**erim** nōlu-**eris** *usw.*	volu-**eram** volu-**erās** *usw.*	nōlu-**eram** nōlu-**erās** *usw.*	volu-**issem** volu-**issēs** *usw.*	nōlu-**issem** nōlu-**issēs** *usw.*

Infinitiv	volu-isse nōlu-isse	gewollt (zu) haben nicht gewollt (zu) haben	Saepe etiam **voluisse** satis est.	Oft genügt es schon, **den Willen gehabt zu haben.**

Konjugationsschema ↗ Tab. X$_{1.2}$, S. 88

1.5 *fierī*

a) Formen des Präsens-Stammes

▶ **Bildung**

Bedeutungsteil	Signalteil	
	Bindevokal	Person-Zeichen
fī—		—t
fī—	u	—nt
Präsens-Stamm		

Die Formen von *fierī* ersetzen im Präsens-Stamm das Passiv von *facere*.

▶ **Konjugationsschema**

		Präsens		Imperfekt		Futur I
		Indikativ	**Konjunktiv**	**Indikativ**	**Konjunktiv**	
		ich werde, werde gemacht		ich wurde, wurde gemacht	ich würde werden, gemacht werden	ich werde werden, gemacht werden
Sg.	1. P.	fī-**ō**	fī-**am**	fī-**ēbam**	fī-**erem**	fī-**am**
	2. P.	fī-**s**	fī-**ās**	fī-**ēbās**	fī-**erēs**	fī-**ēs**
	3. P.	fi-**t**	*usw.*	*usw.*	*usw.*	*usw.*
Pl.	1. P.	fī-**mus**				
	2. P.	fī-**tis**				
	3. P.	fī-**unt**				

▶ **Nominalformen**

Partizip	fut-**ūrus**/-a/-um futūra (was geschehen wird) die Zukunft	Senātus Aram Pācis **fierī** iussit.	Der Senat befahl, dass der Altar des Friedens **gebaut werde**/… ließ … **erbauen.**
Infinitiv	fi-**erī** werden, geschehen; gemacht werden	Bellum nōn **fore** omnēs spērant.	Dass kein Krieg **ausbrechen werde/ausbreche,** hoffen alle.
Infinitiv Futur	fut-**ūrum** esse/fore		

Vollständiges Konjugationsschema ↗ Tab. X$_{7/8}$, S. 90

b) Formen des Partizip-Perfekt-Passiv-Stammes

▶ **Bildung**

Bedeutungsteil	Signalteil		
fact—	us/-a/-um est	Lūx **facta est.** Pāx **facta erat.** Mira **facta esse** scīmus.	Es ist Tag **geworden.** Friede **war geschaffen worden.** Wundervolles **ist,** wie wir wissen, **geschehen.**
fact—	ī/-ae/-a sunt		
PPP-Stamm			

2 Nomen

ē-Deklination

Substantive der **ē-Deklination** erkennt man am **Kennvokal -e-**,
der zwischen dem Bedeutungsteil und dem Kasus-Zeichen steht.

-ē-

DEKLINATION

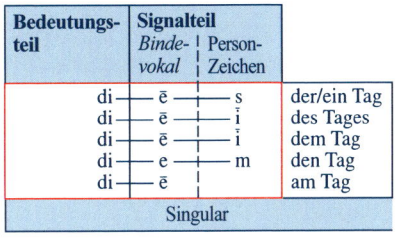

Bedeutungs- teil	Signalteil		
	Binde- vokal	Person- Zeichen	
di	ē	s	der/ein Tag
di	ē	i	des Tages
di	ē	i	dem Tag
di	e	m	den Tag
di	ē		am Tag
Singular			

Bedeutungs- teil	Signalteil		
	Binde- vokal	Person- Zeichen	
di	ē	s	(die) Tage
di	ē	rum	der Tage
di	ē	bus	den Tagen
di	ē	s	(die) Tage
di	ē	bus	an Tagen
Plural			

B Lehre vom Satz

1 Die Konstruktion des NcI

1.1 Bei den passivisch gebrauchten Verben *dīcitur, vidētur* ist das **Subjekt des Satzes** zugleich **Subjekt des Infinitivs**; es steht deshalb im **Nominativ**. Daher nennt man diese Konstruktion **Nominativus cum Infinitivo: NcI.**

NcI

① **Antigona** Polynicem frātrem ⟨ *dicitur.* / *dīcēbātur.* ⟩   Man sagt, — dass **Antigone** ihren Bruder Polyneikes
    sepelivisse   Man sagte, — **bestattet hat / habe.**

② **Creōn** lēgēs deōrum ⟨ *vidētur.* / *vidēbātur.* ⟩   **Kreon** *scheint* — die Gesetze der Götter
    neglēxisse   **Kreon** *schien* — **missachtet zu haben.**

1.2 Die Einheit von Nominativ und Infinitiv kann als selbstständiger Satz formuliert werden,
z. B.: *Antigone hat ihren Bruder Polyneikes bestattet. (So sagt man.)*
Der **NcI** stellt deshalb eine **satzwertige Konstruktion** dar.
Er erfüllt die **syntaktische Funktion** des **Subjekts**.

Satzmodell: *Subjekt*   Prädikat

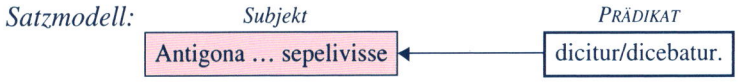

Antigona … sepelivisse ◄——— dicitur/dicebatur.

1.3 Für die Übersetzung des **NcI** empfiehlt sich zuweilen folgende **Umbauregel**:

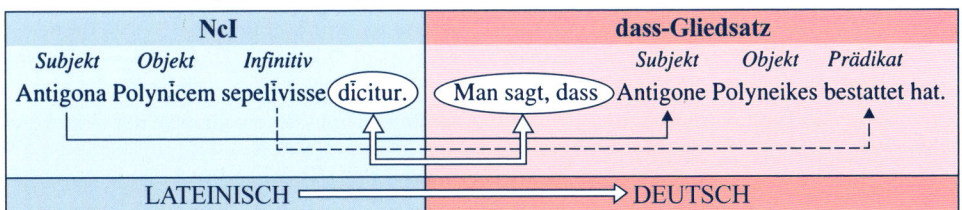

NcI	dass-Gliedsatz
Subjekt *Objekt* *Infinitiv*	*Subjekt* *Objekt* *Prädikat*
Antigona Polynicem sepelivisse ⟨dicitur.⟩	⟨Man sagt, dass⟩ Antigone Polyneikes bestattet hat.
LATEINISCH ══════► DEUTSCH	

1.4 Wiedergabe im Deutschen

bei dīcitur/dicēbātur	bei vidētur/vidēbātur	Wiedergabe
① **man sagt,** **man sagte,** } dass er/sie/es …	**es scheint,** **es schien,** } dass er/sie/es	dass-Gliedsatz
② er/sie/es **soll** …	er/sie/es **scheint/schien zu** …	„sollen"/„scheinen" mit Infinitiv
③ er/sie/es …, **wie man sagt/sagte,** …	er/sie/es …, **wie es scheint/schien,** …	Einschub
④ er/sie/es … **angeblich**	er/sie/es … **offensichtlich**	Adverb

Beachte: dīcor: man sagt, dass ich …/ich soll …
       vidēminī: es scheint, dass ihr …/ihr scheint …

2 Die Konstruktion des Gerundivum-N

2.1 Verwendung

a) Als **Gerundivum-N** bezeichnet man die Verbindung eines **Gerundivums mit der Copula** *esse*.

Diese Konstruktion drückt eine **Notwendigkeit** aus.

Das **Gerundivum-N** erfüllt im Satz als **Prädikatsnomen** zusammen mit einer Form von *esse* die **syntaktische Funktion** des **Prädikats**.

	Lateinisch	Deutsch
①	Lēgēs deōrum < servandae sunt. / neglegendae nōn sunt.	Die Gesetze der Götter < müssen beachtet werden (sind zu beachten). / dürfen nicht missachtet werden.
②	Lēgibus deōrum **pārendum est.**	Den Gesetzen der Götter **muss man gehorchen** (ist zu gehorchen).
③	Semper fortiter **agendum est.**	**Man muss** immer tapfer **handeln.** (Es ist ... zu handeln.)
④	*Antigonae lēgēs deōrum* **servandae erant.**	*Antigone* **musste** die Gesetze der Götter **achten.**

Persönliche Konstruktion steht bei transitiven Verben ① ④, unpersönliche Konstruktion bei intransitiven Verben ②.

Zum Gerundivum-V ↗ III B 3.2, S. 53 f.

b) Ein **Dativ** in Verbindung mit einem **Gerundivum-N** bezeichnet meist die **Person, die etwas tun muss** bzw. **etwas nicht tun darf: Dativ der handelnden Person** (‚Täter-Dativ‘: **Dativus auctoris**) ④.

c) Wiedergabe im Deutschen

Das **Gerundivum-N** lässt sich im Deutschen wiedergeben mit
– dem **Hilfsverb „sein"** und **Infinitiv** mit **„zu"**
   (wenn kein Dativus auctoris dabeisteht) ① ② ③,
– den **Modalverben „müssen"/„nicht dürfen"**, und zwar
   mit **Passiv** oder „man" (wenn kein Dativus auctoris dabeisteht) ① ② ③,
   mit **Aktiv** (wenn ein Dativus auctoris dabeisteht) ④.

Für die Übersetzung des **Gerundivum-N** (mit Dat. auct.) gilt folgende **Umbauregel**:

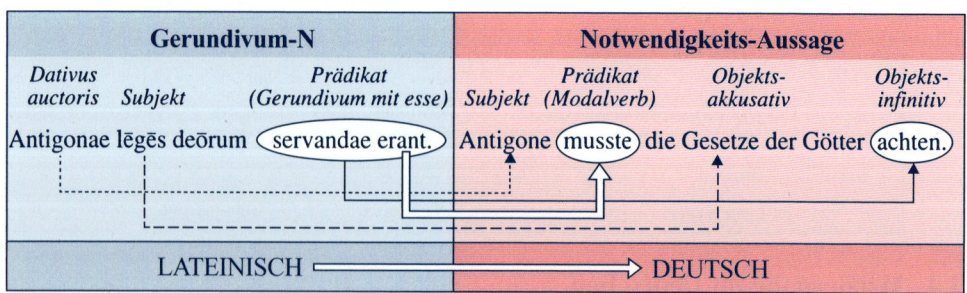

Gerundivum-N			Notwendigkeits-Aussage			
Dativus auctoris	*Subjekt*	*Prädikat (Gerundivum mit esse)*	*Subjekt*	*Prädikat (Modalverb)*	*Objekts-akkusativ*	*Objekts-infinitiv*
Antigonae	lēgēs deōrum	(servandae erant.)	Antigone	(musste)	die Gesetze der Götter	(achten.)
LATEINISCH			DEUTSCH			

2.2 Gerundivum-N im AcI

Creōn corpus Polynīcis **nōn sepeliendum (esse)** statuit.	Kreon bestimmte, dass die Leiche des Polyneikes **nicht begraben werden dürfe.**

Wenn das **Gerundivum-N** im AcI erscheint, kann die **Copula** *esse* fehlen.

3 Relativsätze (Zusammenfassung)

3.1 Relativsätze als Attribut

Der **Relativsatz** kann **jedem Satzglied (Subjekt, Objekt, Adverbiale)** als **Attribut** beigefügt sein.

Rōmānī,	Die Römer,
quī sē studiō philosophiae dabant,	**die** Philosophie studierten,
philosophōs,	hörten die Philosophen,
quī omnium clārissimī putābantur,	**die** als die allerberühmtesten galten,
Athēnīs,	in Athen,
quae urbs tum quasi caput litterārum erat,	**das** damals gleichsam die Hauptstadt der
audiēbant.	Wissenschaften war.

Satzmodell:

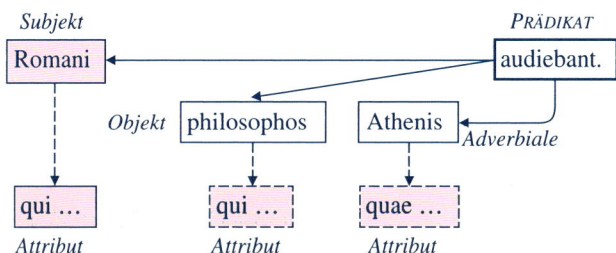

3.2 Relativsätze als Subjekt oder Objekt

Der **Relativsatz** kann als selbstständiges Satzglied die **syntaktische Funktion** des **Subjekts** oder **Objekts** erfüllen:

a) als Subjekt

Quī vītā excessit,	**Wer aus dem Leben geschieden ist / scheidet,**
fortāsse in alium locum venit.	kommt vielleicht an einen anderen Ort.

Satzmodell:

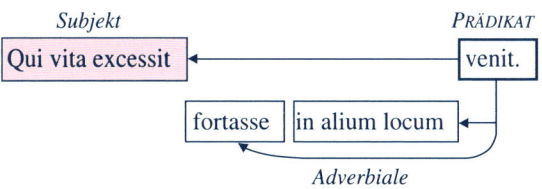

b) als Objekt

Sōcratēs,	Sokrates erwartet,
quae eī mortuō fīent,**	**was ihm nach seinem Tod widerfahren wird,**
quiētō animō exspectat.	mit ruhigem Herzen.

Satzmodell:

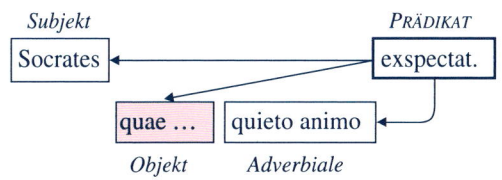

3.3 Konjunktivische Relativsätze

Der **Konjunktiv in Relativsätzen** zeigt in der Regel einen **adverbialen Nebensinn** an:

a) final

Sōcratēs amīcōs dīmīsit, qui dē morte suā **nūntiārent.**	Sokrates schickte Freunde weg, **die** von seinem Tod **berichten sollten (damit sie …).**

b) konsekutiv

Sōcratēs nōn is erat, quī morte **terrērētur.**	Sokrates war (kein solcher) keiner, **der** sich durch den Tod **hätte schrecken lassen (dass er …).**

c) kausal

Sōcratis mortem nōn probō, quī iūstitiam **colam.**	Sokrates' Tod billige ich nicht, **der** ich **ja** die Gerechtigkeit **hochhalte (da ich …).**

4 Kasuslehre

4.1 Der **Genitiv** drückt nach **Verben der Gerichtssprache** das Vergehen oder die Strafe aus: **Genitivus criminis**.

Antigona **crīminis** accūsāta est.	Antigone wurde **eines Verbrechens** angeklagt.
Sōcratēs **capitis** damnātus est.	Sokrates wurde **zum Tode** verurteilt.

4.2 Der **Genitiv** bezeichnet den **Wert**, der einer Person oder Sache zukommt: **Genitiv der Wertangabe (Genitivus pretii)**.

Haec **māgni/parvī** putō.	Das schätze ich **hoch/gering** ein.
Quantī domus tua est?	**Wie viel** ist dein Haus wert?

4.3 Der **Dativ** bezeichnet beim **Gerundivum-N** die Person, die etwas tun muss bzw. etwas nicht tun darf: ‚**Täter-Dativ**' (**Dativus auctoris**, ↗ IV B 2.1 b, S.64).

Cicerōnī ex Italiā *abeundum erat.*	**Cicero** *musste* aus Italien *weggehen.*

4.4 Der **Ablativ** drückt nach oder vor einer Komparativform die Person oder Sache aus, mit der jemand oder etwas **verglichen** wird: **Ablativ des Vergleichs (Ablativus comparationis)**.

Quis *beātior* **Diogene** fuit?	Wer war *glücklicher* **als Diogenes**?
Quod aedificium[1] **Colossēō** *clārius* est?	Welches Bauwerk ist *berühmter* **als das Kolosseum**?

5   Gliedsätze (Zusammenfassung und Wiederholung)

5.1 Syntaktische Funktion der Gliedsätze

Gliedsätze lassen sich nach ihrem einleitenden Wort einteilen in
– **subjunktionale Gliedsätze,**
– **abhängige (indirekte) Fragesätze,**
– **Relativsätze.**
Gliedsätze erfüllen die **syntaktische Funktion** des **Subjekts, Objekts, Adverbiales** oder **Attributs**. Sie stehen im **Indikativ (I)** oder **Konjunktiv (K)**.

SUBJEKT ← PRÄDIKAT

Abhängiger Fragesatz

(nōn certum est,)	quemad-modum	K	wie
	quōmodo		
	cūr	K	warum
	ubĭ *usw.*	K	wo

Begehrsatz

(rogandum est,)	ut	K	dass
	nē	K	dass nicht

Erläuterungssatz

bene ēvenit, quod	I	dass

Relativsatz

quĭ / quae / quod	I / K	der / die / das

OBJEKT (PRÄDIKAT →)

Abhängiger Fragesatz

(nesciō,)	quemad-modum	K	wie
	quōmodo		
	cūr	K	warum
	ubĭ	K	wo

Begehrsatz

(rogō,)	ut	K	dass
(rogō,)	nē	K	dass nicht
(timeō,)	nē	K	dass

Relativsatz

quĭ / quae / quod	I / K	der / die / das

ADVERBIALE (PRÄDIKAT →)

Subjunktionale Gliedsätze

Zeit

Temporalsätze

postquam	I	nachdem, als
ut	I	sobald
cum	I	als
	I	(immer) wenn
	I Perf.	als plötzlich
	K	als / nachdem
priusquam	I / K	ehe / bevor (nicht)
dum	I Präs.	während
dum	I	(solange) bis; solange

Ort

Lokalsätze

ubĭ	I	wo
unde	I	woher

Grund

Kausalsätze (*Realgrund*)

quod / quia	I	da / weil
cum	K	da / weil

Finalsätze (*Absicht*)

ut	K	damit
nē	K	damit nicht

Konsekutivsätze (*Folge*)

ut (nōn)	K	(so)dass (nicht)

Konzessivsätze (*Einräumung*)

etiam-sĭ	I	auch wenn
quamquam	I	obwohl
cum	K	obwohl
quamvĭs	K	wenn auch

Kondizionalsätze (*Bedingung*)

sĭ	I / K	wenn / falls
nisĭ	I / K	wenn nicht
sīn (autem)	I / K	wenn aber

Komparativsätze (*Vergleich*)

ut/ quemad-modum ... sĭc	I	wie ... so

ATTRIBUT

Relativsatz

quĭ / quae / quod	I / K	der / die / das, welcher / welche / welches

5.2 Mehrdeutige Wörter zur Satzverbindung

ut	**Indikativ**	**sobald** (temporal) **wie** (vergleichend)
	Konjunktiv	**dass** (begehrend) **(so)dass** (konsekutiv) **damit** (final)

nē	**Konjunktiv**	**dass nicht** (begehrend) **damit nicht** (final) **dass** (nach *timēre/periculum est* u. Ä.)[1]

cum	**Indikativ**	**damals, als** (temporal-relativum) **immer wenn** (temporal-iterativum) **als (plötzlich)** (temporal-inversivum)
	Konjunktiv	**als/ nachdem** (temporal-historicum) **da/weil** (kausal) **obwohl** (konzessiv)

dum	**Indikativ** **Indikativ Präs.**	**solange, (solange) bis** **während**
	Konjunktiv	**(solange) bis** (final)

quod	**Indikativ**	**weil, da** (kausal)
		 dass (faktisch)
		   bene ēvenit, quod es trifft sich gut, dass
		 was (relativisch)
		   (id,) quod
		 Achtung:
		 dies (rel. Satzanschluss)
		   Cōnsilium mihī dedistī. Du hast mir einen Rat gegeben.
		   Quod mihī placet. Dieser gefällt mir.

	Konjunktiv	**welches** (abh. Fragesatz)
		   Quod cōnsilium tibī placeat, Welcher Rat dir gefällt,
		   nesciō. weiß ich nicht.

---

1) Nē sērō veniās! Timeō. Komm bitte nicht zu spät! Ich befürchte es allerdings.
Timeō, nē sērō veniās. Ich fürchte, dass du zu spät kommst.

C Lehre vom Text

1 Reihende Satzabfolge

Texte können von einer **reihenden Satzabfolge** bestimmt sein. Hier wird durch das rasche Hintereinander von kurzen Sätzen eine dramatische, auf Erlebnisdichte ausgerichtete Erzählabsicht verfolgt. Der **Leser** soll **unmittelbar am Geschehen beteiligt** werden.

Auslieferung des Vercingetorix

Mittuntur ad Caesarem lēgātī.	Es werden Gesandte zu Cäsar geschickt.
Iubet arma trādī, principēs prōdūcī.	Er befiehlt die Waffen zu übergeben, die Stammesfürsten vorzuführen.
Ipse in mūnītiōne prō castrīs cōnsēdit;	Er selbst hat sich auf der Schanze vor dem Lager niedergelassen;
eō dūcēs prōdūcuntur.	dorthin werden die Führer gebracht.
Vercingetorix dēditur, arma prōiciuntur.	Vercingetorix wird ausgeliefert, die Waffen werden hingeworfen.

2 Periodisierte Satzabfolge

2.1 Texte können von einer Anzahl **längerer, in sich durch Unterordnung gegliederter Sätze (Perioden)** gekennzeichnet sein; dadurch wird eine große Informationsdichte erreicht. Das Geschehen wird in gedrängter Abfolge erzählt, wobei zwischen dem Geschehenshintergrund in den Gliedsätzen und dem Geschehensvordergrund im Hauptsatz deutlich unterschieden wird. Der **Leser** wird auf diese Weise eher **auf Distanz zum Erzählten** gehalten.

Eine solche Textgestaltung ist vor allem für **historisch erzählende Texte** kennzeichnend.

Beispiel 1: **Cäsars Aufbruch nach Britannien**

Dumnorix Haeduus,	Der Häduer Dumnorix machte sich,
postquam frūstrā ā Caesare petīvit,	**nachdem** er Cäsar vergeblich darum gebeten hatte,
ut in Galliā relinquerētur,	**dass** er in Gallien zurückgelassen werde (in Gallien **zurückgelassen zu werden**),
quod mare timēret,	**weil** er das Meer fürchte,
clam discessit.	heimlich aus dem Staub.

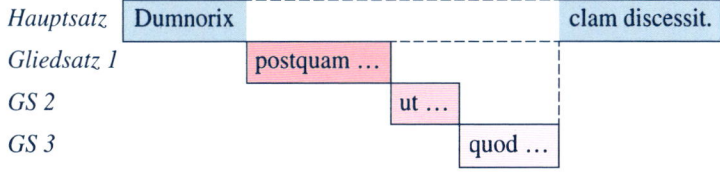

Hauptsatz	Dumnorix	clam discessit.
Gliedsatz 1	postquam …	
GS 2	ut …	
GS 3	quod …	

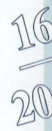

Beispiel 2: **Cäsars Ankunft in Britannien**

Cum nāvēs Britanniae appropinquārent, tanta tempestās subitō facta est, **ut** nūlla eārum cursum tenēre posset, <ut> multae autem eōdem re-ferrentur, **unde** erant profectae.	**Als** sich die Schiffe Britannien näherten, brach plötzlich ein so starker Sturm los, **dass** keines von ihnen den Kurs halten konnte, viele jedoch dorthin zurückgetrieben wurden, **(von) wo** sie ausgelaufen waren.

Hauptsatz	tanta … facta est		
Gliedsatz 1	Cum …	ut … posset,	<ut> … referrentur
GS 2			unde …

2.2 Texte können so angelegt sein, dass auf **eine größere Zahl von untergeordneten Sätzen, die auf einer Ebene stehen und die gleiche Sinnrichtung haben,** ein **kurzer Hauptsatz** folgt. Die Gliedsätze geben hier sozusagen den Erklärungs- oder Begründungshintergrund an, vor dem die knappe Schlussfolgerung auf die Leser oder Hörer überzeugend wirken soll.
Eine solche Textgestaltung ist vor allem für **rhetorische Texte** kennzeichnend.

Cicero über Catilina

Sī hoc maleficium cognōveritis, **sī** hoc scelus periculōsum cōgitāveritis, **sī** hōc flāgitiō tōtam cīvitātem com-mūtāri accēperitis, **sī** hōc factō iniquissimō etiam orbem terrārum perturbāri audīveritis, certē istum hominem putābitis omnium pessimum.	**Wenn** ihr diese böse Tat erkennt, **wenn** ihr dieses gefährliche Verbrechen bedenkt, **wenn** ihr erfahrt, dass durch diese Schandtat der ganze Staat umgestürzt wird, **wenn** ihr hört, dass durch diese Unrechtstat sogar der Erdkreis in Aufregung versetzt wird, dann werdet ihr diesen Menschen da sicherlich für den allergrößten Schurken halten.

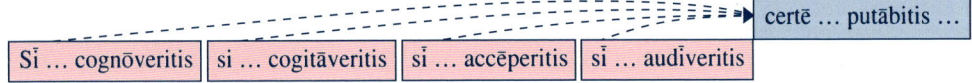

Anhang zur Systematischen Begleitgrammatik

NOMEN

DEKLINATIONEN
Substantive

I$_{1.1}$

	ā-Deklination	o-Deklination			Konsonantische Deklination			
	Freundin	*Freund*	*Feld*	*Tempel*	*Sieger*	*Vater*	*Legion*	*Geschlecht*
	f	m	m	n	m	m	f	n
Sg.								
N.	amica	amicus	ager	templum	victor	pater	legiō	genus
G.	amicae	amici	agri	templi	victōris	patris	legiōnis	generis
D.	amicae	amicō	agrō	templō	victōri	patri	legiōni	generi
Akk.	amicam	amicum	agrum	templum	victōrem	patrem	legiōnem	genus
Abl.	ab amicā	ab amicō	agrō	templō	ā victōre	ā patre	legiōne	genere
Pl.								
N.	amicae	amici	agri	templa	victōrēs	patrēs	legiōnēs	genera
G.	amicārum	amicōrum	agrōrum	templōrum	victōrum	patrum	legiōnum	generum
D.	amicis	amicis	agris	templis	victōribus	patribus	legiōnibus	generibus
Akk.	amicās	amicōs	agrōs	templa	victōrēs	patrēs	legiōnēs	genera
Abl.	ab amicis	ab amicis	agris	templis	ā victōribus	ā patribus	legiōnibus	generibus

Adjektivgruppe I

I$_{2.1}$

	ā- und o-Deklination					
	froh			*elend*		
	m	f	n	m	f	n
Sg.						
N.	laetus	laetā	laetum	miser	misera	miserum
G.	laeti	laetae	laeti	miseri	miserae	miseri
D.	laetō	laetae	laetō	miserō	miserae	miserō
Akk.	laetum	laetam	laetum	miserum	miseram	miserum
Abl.	laetō	laetā	laetō	miserō	miserā	miserō
Pl.						
N.	laeti	laetae	laeta	miseri	miserae	misera
G.	laetōrum	laetārum	laetōrum	miserōrum	miserārum	miserōrum
D.	laetis	laetis	laetis	miseris	miseris	miseris
Akk.	laetōs	laetās	laeta	miserōs	miserās	misera
Abl.	laetis	laetis	laetis	miseris	miseris	miseris

Beachte:
Substantive und Adjektive auf **-us** haben im Singular eine eigene **Anredeform** (*Vokativ*): amice (mein) Freund bzw. laete (amice). In allen anderen Fällen ist der Vokativ gleich dem Nominativ.

DEKLINATIONEN
Substantive

	Konsonantische Deklination (Besonderheiten)				u-Deklin.	ē-Deklin.
	Turm	*Meer*	*Schiff*	*Stadt*	*Beamter*	*Sache*
	f	n	f	f	m	f
Sg.						
N.	turris	mare	nāvis	urbs	magistrātus	rēs
G.	turris	maris	nāvis	urbis	magistrātūs	rěī
D.	turrī	marī	nāvī	urbī	magistrātuī	rěī
Akk.	turrim	mare	nāvem	urbem	magistrātum	rěm
Abl.	turrī	marī	nāve	urbe	magistrātū	rē
Pl.						
N.	turrēs	maria	nāvēs	urbēs	magistrātūs	rēs
G.	turrium	marium	nāvium	urbium	magistrātuum	rērum
D.	turribus	maribus	nāvibus	urbibus	magistrātibus	rēbus
Akk.	turrēs(-īs)	maria	nāvēs	urbēs	magistrātūs	rēs
Abl.	turribus	maribus	nāvibus	urbibus	magistrātibus	rēbus

Adjektivgruppe II

	Konsonantische Deklination				
	scharf			*weise*	
	m	f	n	m/f	n
Sg.					
N.	ācer	ācris	ācre	sapiēns	
G.		ācris		sapientis	
D.		ācrī		sapientī	
Akk.	ācrem		ācre	sapientem	sapiēns
Abl.		ācrī		sapientī	
Pl.					
N.	ācrēs		ācria	sapientēs	sapientia
G.		ācrium		sapientium	
D.		ācribus		sapientibus	
Akk.	ācrēs		ācria	sapientēs	sapientia
Abl.		ācribus		sapientibus	

Beachte:

Die **Komparative** aller Adjektive werden wie die Substantive der Konsonantischen Deklination gebeugt.

Das **Partizip Präsens Aktiv** wird wie *sapiēns* dekliniert.

Ausnahme: Abl. Sg. **-e**: z. B. vocante (aber adjektivisch: **-ī**, z. B. imminentī perīculō vexārī).

PRONOMINA
Personal-Pronomina

	1. Person	2. Person	3. Person			reflexiv
			nicht reflexiv			reflexiv
	ich	*du*	*er*	*sie*	*es*	
Sg.						
N.	ego	tū	is	ea	**id**	–
G.	meī	tuī		eius		suī
D.	mihī	tibī		eī		sibī
Akk.	mē	tē	eum	eam	**id**	sē
Abl.	(ā) mē	(ā) tē	(ab) eō	(ab) eā	(ab) eō	(ā) sē
	wir	*ihr*	*sie*			
Pl.						
N.	nōs	vōs	eī (iī)	eae	ea	–
G.	nostrī/ nostrum	vestrī/ vestrum	eōrum	eārum	eōrum	suī
D.	nōbīs	vōbīs		eīs (iīs)		sibī
Akk.	nōs	vōs	eōs	eās	ea	sē
Abl.	(ā) nōbīs	(ā) vōbīs		(ab) eīs (iīs)		(ā) sē

Verwendung: memor vestrī: in Erinnerung an euch (Objekt)
  quis nostrum: wer von uns (Teilungs-Genitiv)

Possessiv-Pronomina

1. P.	meus/-a/-um	*mein*
2. P.	tuus/-a/-um	*dein*
3. P	eius (*nicht refl.*)	} *sein(e) / ihr(e)*
	suus/-a/-um (*refl.*)	

noster/-tra/-trum	*unser*
vester/-tra/-trum	*euer*
eōrum/eārum/eōrum (*nicht refl.*)	} *ihr(e)*
suus/-a/-um (*refl.*)	

Demonstrativ-Pronomina

	is/ea/id *dieser, derjenige*			**hic/heac/hoc** *dieser (mein/unser)*			**ille/illa/illud** *jener (sein/ihr)*		
	m	f	n	m	f	n	m	f	n
Sg.									
N.	is	ea	**id**	hic	haec	hoc	ille	illa	illu**d**
G.		eius			huius			illīius	
D.		eī			huic			illī	
Akk.	eum	eam	**id**	hunc	hanc	hoc	illum	illam	illu**d**
Abl.	eō	eā	eō	hōc	hāc	hōc	illō	illā	illō
Pl.									
N.	eī (iī)	eae	ea	hī	hae	haec	illī	illae	illa
G.	eōrum	eārum	eōrum	hōrum	hārum	hōrum	illōrum	illārum	illōrum
D.		eīs (iīs)			hīs			illīs	
Akk.	eōs	eās	ea	hōs	hās	haec	illōs	illās	illa
Abl.		eīs (iīs)			hīs			illīs	

ipse und *iste* werden wie *ille* dekliniert. Ausnahme: N./Akk. Sg. n: *ipsum*

Interrogativ-Pronomen **II**$_4$ Relativ-Pronomen **II**$_5$

	quis? wer?	quid? was?	quī / quae / quod? welcher /welche(s)?		
	substantivisch		adjektivisch		
	m/f	n	m	f	n
N.	quis	quid	quī	quae	quod
G.	cuius		cuius		
D.	cui		cui		
Akk.	quem	quid		usw.	
Abl.	ā quō / quōcum		wie Relativ-Pron. ↗ Tab. II$_5$		

		quī / quae / quod der/die/das; welcher(r/s)		
		m	f	n
Sg.	N.	quī	quae	quod
	G.	cuius		
	D.	cui		
	Akk.	quem	quam	quod
	Abl.	quō	quā	quō
Pl.	N.	quī	quae	quae
	G.	quōrum	quārum	quōrum
	D.	quibus		
	Akk.	quōs	quās	quae
	Abl.	quibus		

Indefinit-Pronomina **II**$_6$

		quīdam / quaedam / quoddam *ein gewisser*		
		adjektivisch		
		m	f	n
Sg.	N.	quīdam	quaedam	quoddam
	G.		cuiusdam	
	D.		cuidam	
	Akk.	quendam	quandam	quoddam
	Abl.	quōdam	quādam	quōdam
Pl.	N.	quīdam	quaedam	quaedam
	G.	quōrundam	quārundam	quōrundam
	usw.	*usw.* ↗ Tab. II$_5$		

Bei substantivischem Gebrauch lautet der Nominativ / Akkusativ Singular des Neutrums *quiddam*.

	quis / quid quī / qua(e) / quod		aliquis / aliquid aliquī / aliqua / aliquod		quisquam / quicquam	
	substantivisch (nur im Singular): *irgendeine(r) / jemand, (irgend-)etwas*					
	m/f	n	m/f	n	m/f	n
N.	quis	quid	aliquis	aliquid	quisquam	quicquam (quidquam)
G.	cuius		alicuius		cuiusquam	
usw.	*usw.*		*usw.*		*usw.*	
	adjektivisch (Sngular und Plural): *irgendeine/eine/ein*					
	m	f	n	m	f	n
N.	quī	qua(e)	quod	aliquī	aliqua	aliquod
G.	cuius			alicuius		
usw.	*usw.*			*usw.*		

Übersicht

Ziffer	Grundzahl	Ordnungszahl	Ziffer	Grundzahl	Ordnungszahl
1 I	ūnus/-a/-um	prīmus			
2 II	duo/-ae/-o	secundus	20 XX	vīgintī	vīcēsimus
3 III	trēs/tria	tertius	30 XXX	trīgintā	trīcēsimus
4 IV	quattuor	quārtus	40 XL	quadrāgintā	quadrāgēsimus
5 V	quīnque	quīntus	50 L	quīnquāgintā	quīnquāgēsimus
6 VI	sex	sextus	60 LX	sexāgintā	sexāgēsimus
7 VII	septem	septimus	70 LXX	septuāgintā	septuāgēsimus
8 VIII	octō	octāvus	80 LXXX	octōgintā	octōgēsimus
9 IX	novem	nōnus	90 XC	nōnāgintā	nōnāgēsimus
10 X	decem	decimus	100 C	centum	centēsimus
11 XI	ūndecim	ūn-decimus			
12 XII	duódecim	duo-decimus	200 CC	ducentī	ducentēsimus
13 XII	trēdecim	tertius decimus	300 CCC	trecentī	trecentēsimus
14 XIV	quattuordecim	quārtus decimus	400 CD	quadringentī	quadringentēsimus
15 XV	quīndecim	quīntus decimus	500 D	quīngentī	quīngentēsimus
16 XVI	sēdecim	sextus decimus	600 DC	sescentī	sescentēsimus
17 XVII	septendecim	septimus decimus	700 DCC	septingentī	septingentēsimus
18 XVIII	duo-dēvīgintī	duodēvīcēsimus	800 DCCC	octingentī	octingentēsimus
19 XIX	ūn-dēvīgintī	ūndēvīcēsimus	900 CM	nōngentī	nōngentēsimus
			1000 M	mīlle	mīllēsimus
20 XX	vīgintī	vīcēsimus	2000 MM	duo mīlia	bis mīllēsimus

Beachte: mīlle equitēs, *aber:* duo mīlia equitum

Bildungsweise der Grund- und der Ordnungszahlen

Einer, Zehner und Hunderter derselben Zahl[1] sind in der Regel jeweils **vom gleichen Bedeutungsteil** gebildet, z. B. **trēs/tria** (drei) – **trī**gintā (dreißig) – **tre**centī (dreihundert).

Folgende Bildungselemente sind kennzeichnend:

	bei Grundzahlen	bei Ordnungszahlen
für Zehner	-gintī/-gintā	-cēsimus/-gēsimus
für Hunderter	**-centī/-gentī**	**-centēsim**us/**-gentēsim**us

Die Ordnungszahlen sind alle deklinierbar, von den Grundzahlen nur

– die Einer **ūnus/-a/-um**: **duo/duae/duo**: **trēs/tria**,

– die Vielfachen von Hundert, z. B. **trecentī/-ae/-a**,

– die Vielfachen von Tausend ab 2000, z. B. **tria mīlia, decem mīlia**.

ūnus			duo			trēs			mīlia
ūnus	ūna	ūnum	duo	duae	duo	trēs	trēs	tria	mīlia
	ūnīus		duōrum	duārum	duōrum		trium		mīlium
	ūnī		duōbus	duābus	duōbus		tribus		mīlibus
ūnum	ūnam	ūnum	duō(s)	duās	duo	trēs	trēs	tria	mīlia
ūnō	ūnā	ūnō	duōbus	duābus	duōbus		tribus		mīlibus

---

[1] Auch die Grundzahlen 11–17 sind mithilfe des gleichen Bedeutungsteils gebildet wie die entsprechenden Einerzahlen. Hinzu tritt das Element *-decim* (< decem).

STEIGERUNG DER ADJEKTIVE

Regelmäßige Steigerung

Positiv	Komparativ		Superlativ	
longus/-a/-um	longior	longius	longissimus/-a/-um	*lang*
fortis/-e	fortior	fortius	fortissimus/-a/-um	*tapfer*
prūdēns (prūdent-is)	prūdentior	prūdentius	prūdentissimus/-a/-um	*klug*
miser	miserior		miserrimus	*elend*
misera	miserior		miserrima	
miserum		miserius	miserrimum	
pulcher	pulchrior		pulcherrimus	*schön*
pulchra	pulchrior		pulcherrima	
pulchrum		pulchrius	pulcherrimum	
ācer	ācrior		ācerrimus	*scharf*
ācris	ācrior		ācerrima	
ācre		ācrius	ācerrimum	
similis/-e	similior	similius	simillimus/-a/-um	*ähnlich*

Unregelmäßige Steigerung

Positiv	Komparativ	Superlativ	
māgnus/-a/-um	māior, māius	māximus/-a/-um	*groß*
parvus/-a/-um	minor, minus	minimus/-a/-um	*klein*
bonus/-a/-um	melior, melius	optimus/-a/-um	*gut*
malus/-a/-um	pēior, pēius	pessimus/-a/-um	*schlecht*
multī/-ae/-a	plūrēs, plūra	plūrimī/-ae/-a	*viele*
multum	plūs	plūrimum	*viel*

Die Formen des Komparativs werden nach der Konsonantischen Deklination gebeugt.

ADVERB

Bildung und Steigerung

Adjektiv	Positiv	Komparativ	Superlativ	
longus/-a/-um	longē	longius	longissimē	*lang, weit*
fortis/-e	fortiter	fortius	fortissimē	*tapfer*
prūdēns (prūdent-is)	prūdenter	prūdentius	prūdentissimē	*klug*
miser, misera, miserum	miserē	miserius	miserrimē	*elend*
pulcher/-chra/-chrum	pulchrē	pulchrius	pulcherrimē	*schön*
celer/celeris/celere	celeriter	celerius	celerrimē	*schnell*
ācer/ācris/ācre	ācriter	ācrius	ācerrimē	*scharf*
similis/-e	similiter	similius	simillimē	*ähnlich*

VERB

KONJUGATIONEN
Präsens-Stamm Aktiv

	AKTIV	ā-Konjugation	ē-Konjugation	ī-Konjugation (langvokalisch)	ĭ-Konjugation (kurzvokalisch)	Konsonantische Konjugation
Präsens	Infinitiv	*lieben* amá-re	*mahnen* moné-re	*fesseln* vincí-re	*fangen* cápĕ-re	*treiben* péll-ĕ-re
	Indikativ					
	ich liebe, …	ámō ámā-s áma-t amá-mus amá-tis áma-nt	móne-ō mónē-s móne-t moné-mus moné-tis móne-nt	vínci-ō vínci-s vínci-t vinci-mus vinci-tis vínci-*u*nt	cápĭ-ō cápĭ-s cápĭ-t cápĭ-mus cápĭ-tis cápĭ-*u*nt	péll-ō péll-*is* péll-*it* péll-*imus* péll-*itis* péll-*u*nt
	Konjunktiv					
		ám-em ám-ēs ám-et am-émus am-étis ám-ent	móne-am móne-ās móne-at mone-ámus mone-átis móne-ant	vínci-am vínci-ās vínci-at vinci-ámus vinci-átis vínci-ant	cápĭ-am cápĭ-ās cápĭ-at capi-ámus capi-átis cápĭ-ant	péll-am péll-ās péll-at pell-ámus pell-átis péll-ant
Imperfekt	Indikativ					
	ich liebte, …	amá-**bam** amá-**bās** amá-**bat** amā-**bámus** amā-**bátis** amá-**bant**	moné-**bam** moné-**bās** moné-**bat** monē-**bámus** monē-**bátis** moné-**bant**	vinci-*é***bam** vinci-*é***bās** vinci-*é***bat** vinci-ē**bámus** vinci-ē**bátis** vinci-*é***bant**	capĭ-*é***bam** capĭ-*é***bās** capĭ-*é***bat** capĭ-ē**bámus** capĭ-ē**bátis** capĭ-*é***bant**	pell-*é***bam** pell-*é***bās** pell-*é***bat** pell-ē**bámus** pell-ē**bátis** pell-*é***bant**
	Konjunktiv					
		amá-**rem** amá-**rēs** amá-**ret** amā-**rémus** amā-**rétis** amá-**rent**	moné-**rem** moné-**rēs** moné-**ret** monē-**rémus** monē-**rétis** moné-**rent**	vincí-**rem** vincí-**rēs** vincí-**ret** vinci-**rémus** vinci-**rétis** vincí-**rent**	cápĕ-**rem** cápĕ-**rēs** cápĕ-**ret** cápĕ-**rémus** cápĕ-**rétis** cápĕ-**rent**	péll-**erem** péll-**erēs** péll-**eret** pell-**erémus** pell-**erétis** péll-**erent**
Futur I		*ich werde lieben, …*	amá-**bō** amá-**b***is* amá-**b***it* amá-**b***imus* amá-**b***itis* amá-**b***u*nt	moné-**bō** moné-**b***is* moné-**b***it* moné-**b***imus* moné-**b***itis* moné-**b***u*nt	vínci-am vínci-ēs vínci-et vinci-émus vinci-étis vínci-ent	cápĭ-am cápĭ-ēs cápĭ-et capĭ-émus capĭ-étis cápĭ-ent	péll-am péll-ēs péll-et pell-émus pell-étis péll-ent
	Imperativ					
	liebe! liebt!	ámā! amá-te!	mónē! moné-te!	vincí! vincí-te!	cápĕ! cápĭ-te!	péll-ĕ! péll-*ite*!

KONJUGATIONEN

Präsens-Stamm Passiv

	PASSIV	ā-Konjugation	ē-Konjugation	ī-Konjugation (langvokalisch)	ĭ-Konjugation (kurzvokalisch)	Konsonantische Konjugation
Präsens	Infinitiv	*geliebt werden* amá-**rī**	*gemahnt werden* moné-**rī**	*gefesselt werden* vincī́-**rī**	*gefangen werden* cáp**ī**	*getrieben werden* péll-**ī**
	Indikativ					
	ich werde geliebt, …	ám-or	móne-or	vī́nci-or	cápĭ-or	péll-or
		amá-ris	moné-ris	vincī́-ris	cápĕ-ris	péll-*eris*
		amá-tur	moné-tur	vincī́-tur	cápĭ-tur	péll-*itur*
		amá-mur	moné-mur	vincī́-mur	cápĭ-mur	péll-*imur*
		amá-minĭ	moné-minĭ	vincī́-minĭ	capĭ-minĭ	pell-*ĭ*minĭ
		amá-ntur	moné-ntur	vinci-*ú*ntur	capĭ-*ú*ntur	pell-*ú*ntur
	Konjunktiv					
		ám-**er**	móne-**ar**	vī́nci-**ar**	cápĭ-**ar**	péll-**ar**
		am-**é**ris	mone-**á**ris	vinci-**á**ris	capĭ-**á**ris	pell-**á**ris
		am-**é**tur	mone-**á**tur	vinci-**á**tur	capĭ-**á**tur	pell-**á**tur
		am-**é**mur	mone-**á**mur	vinci-**á**mur	capĭ-**á**mur	pell-**á**mur
		am-**é**minĭ	mone-**á**minĭ	vinci-**á**minĭ	capĭ-**á**minĭ	pell-**á**minĭ
		am-**é**ntur	mone-**á**ntur	vinci-**á**ntur	capĭ-**á**ntur	pell-**á**ntur
Imperfekt	Indikativ					
	ich wurde geliebt, …	amá-**bar**	moné-**bar**	vinci-*ḗ***bar**	capĭ-*ḗ***bar**	pell-*ḗ***bar**
		amā-**bá**ris	monē-**bá**ris	vinci-*ē***bá**ris	capĭ-*ē***bá**ris	pell-*ē***bá**ris
		amā-**bá**tur	monē-**bá**tur	vinci-*ē***bá**tur	capĭ-*ē***bá**tur	pell-*ē***bá**tur
		amā-**bá**mur	monē-**bá**mur	vinci-*ē***bá**mur	capĭ-*ē***bá**mur	pell-*ē***bá**mur
		amā-**bá**minĭ	monē-**bá**minĭ	vinci-*ē***bá**minĭ	capĭ-*ē***bá**minĭ	pell-*ē***bá**minĭ
		amā-**bá**ntur	monē-**bá**ntur	vinci-*ē***bá**ntur	capĭ-*ē***bá**ntur	pell-*ē***bá**ntur
	Konjunktiv					
		amá-**rer**	moné-**rer**	vincī́-**rer**	cápĕ-**rer**	péll-*e***rer**
		amā-**ré**ris	monē-**ré**ris	vincī́-**ré**ris	cápĕ-**ré**ris	pell-*e***ré**ris
		amā-**ré**tur	monē-**ré**tur	vincī́-**ré**tur	cápĕ-**ré**tur	pell-*e***ré**tur
		amā-**ré**mur	monē-**ré**mur	vincī́-**ré**mur	cápĕ-**ré**mur	pell-*e***ré**mur
		amā-**ré**minĭ	monē-**ré**minĭ	vincī́-**ré**minĭ	cápĕ-**ré**minĭ	pell-*e***ré**minĭ
		amā-**ré**ntur	monē-**ré**ntur	vincī́-**ré**ntur	cápĕ-**ré**ntur	pell-*e***ré**ntur
Futur I	*ich werde geliebt werden, …*	amá-**bor**	moné-**bor**	vī́nci-**ar**	cápĭ-**ar**	péll-**ar**
		amá-**b**eris	moné-**b**eris	vinci-**é**ris	capĭ-**é**ris	pell-**é**ris
		amá-**b**itur	moné-**b**itur	vinci-**é**tur	capĭ-**é**tur	pell-**é**tur
		amá-**b**imur	moné-**b**imur	vinci-**é**mur	capĭ-**é**mur	pell-**é**mur
		amā-**b***í*minĭ	monē-**b***í*minĭ	vinci-**é**minĭ	capĭ-**é**minĭ	pell-**é**minĭ
		amā-**b***ú*ntur	monē-**b***ú*ntur	vinci-**é**ntur	capĭ-**é**ntur	pell-**é**ntur

	AKTIV	v-Perfekt	u-Perfekt	s-Perfekt	Dehnung	Reduplikation
Perfekt	Infinitiv	*geliebt haben* amāv-ísse	*gemahnt haben* monu-ísse	*gefesselt haben* vīnx-ísse	*gefangen haben* cēp-ísse	*getrieben haben* **pe**pul-ísse
	Indikativ					
	ich habe geliebt, …	amā́v-ī amāv-ístī amā́v-it amā́v-imus amāv-ístis amāv-érunt	mónu-ī monu-ístī *usw.*	vī́nx-ī vīnx-ístī *usw.*	cḗp-ī cēp-ístī *usw.*	pé pul-ī **pe**pul-ístī *usw.*
	Konjunktiv					
		amā́v-erim amā́v-eris amā́v-erit amāv-érimus amāv-éritis amā́v-erint	monú-erim monú-eris *usw.*	vī́nx-erim vī́nx-eris *usw.*	cḗp-erim cḗp-eris *usw.*	pepúl-erim pepúl-eris *usw.*
Plusquamperfekt	Indikativ					
	ich hatte geliebt, …	amā́v-eram amā́v-erās amā́v-erat amāv-erámus amāv-erátis amā́v-erant	monú-eram monú-erās *usw.*	vī́nx-eram vī́nx-erās *usw.*	cḗp-eram cḗp-erās *usw.*	pepúl-eram pepúl-erās *usw.*
	Konjunktiv					
		amāv-íssem amāv-íssēs amāv-ísset amāv-issémus amāv-issétis amāv-íssent	monu-íssem monu-íssēs *usw.*	vīnx-íssem vīnx-íssēs *usw.*	cēp-íssem cēp-íssēs *usw.*	**pe**pul-íssem **pe**pul-íssēs *usw.*
Futur II		amā́v-erō amā́v-eris amā́v-erit amāv-érimus amāv-éritis amā́v-erint	monú-erō monú-eris *usw.*	vī́nx-erō vī́nx-eris *usw.*	cḗp-erō cḗp-eris *usw.*	pepúl-erō pepúl-eris *usw.*

Perfekt, Plusquamperfekt, Futur II Passiv

VI_{2.2}

			Perfekt			Plusquamperfekt	Futur II
Indikativ	**Sg.**	*ich bin geliebt/ getrieben worden –*	amā**tus**/ **-a/ (-um)** pul**sus**, **-a/ (-um)**	⎤⊢⎡	sum es est	eram erās erat	erō eris erit
	Pl.	*ich wurde geliebt/ getrieben usw.*	amā**ti**/ **-ae/ (-a)** pul**sī**, **-ae/ (-a)**	⎤⊢⎡	sumus estis sunt	erāmus erātis erant	erimus eritis erunt
Konjunktiv	**Sg.**		amā**tus**/ **-a/ (-um)** pul**sus**, **-a/ (-um)**	⎤⊢⎡	sim sīs sit	essem essēs esset	
	Pl.		amā**ti**/ **-ae/ (-a)** pul**sī**, **-ae/ (-a)**	⎤⊢⎡	sīmus sītis sint	essēmus essētis essent	

VI₃

Nominalformen des Verbs – Infinitive

Infinitiv		ā-Konjugation	ē-Konjugation	ī-Konjugation	ĭ-Konjugation	Konsonantische Konjugation
AKTIV	**Präsens** **Perfekt** **Futur**	amá-**re** amāv-**ísse** amāt-**úrum**/ -t-**úram**/ -t-**úrum esse**	moné-**re** monu-**ísse** monit-**úrum**/ -t-**úram**/ -t-**úrum esse**	vincī́-**re** vīnx-**ísse** vīnct-**úrum**/ -t-**úram**/ -t-**úrum esse**	cápĕ-**re** cēp-**ísse** capt-**úrum**/ -t-**úram**/ -t-**úrum esse**	péll-ĕ̆-**re** pepul-**ísse** puls-**úrum**/ -s-**úram**/ -s-**úrum esse**
PASSIV	**Präsens** **Perfekt**	amá-**rī** amát-**um**/ -t-**am**/ -t-**um esse**	moné-**rī** mónit-**um**/ -t-**am**/ -t-**um esse**	vincí-**rī** vī́nct-**um**/ -t-**am**/ -t-**um esse**	cápi cápt-**um**/ -t-**am**/ -t-**um esse**	péll-**i** púls-**um**/ -s-**am**/ -s-**um esse**

Nominalformen des Verbs – Partizipien

Partizip		ā-Konjugation	ē-Konjugation	ī-Konjugation	ĭ-Konjugation	Konsonantische Konjugation
AKTIV	**Präsens** **Futur**	áma-**ns**, **-ntis** ámāt-**úrus**/ -t-**úra**/ -t-**úrum**	móné-**ns**, **-ntis** monit-**úrus**/ -t-**úra**/ -t-**úrum**	vínci-ē̆-**ns**, **-ntis** vīnct-**úrus**/ -t-**úra**/ -t-**úrum**	cápi-ē̆-**ns**, **-ntis** capt-**úrus**/ -t-**úra**/ -t-**úrum**	péll-ē̆-**ns**, **-ntis** puls-**úrus**/ -s-**úra**/ -s-**úrum**
PASSIV	**Perfekt**	amát-**us**/ -t-**a**/ -t-**um**	mónit-**us**/ -t-**a**/ -t-**um**	vínct-**us**/ -t-**a**/ -t-**um**	capt-**us**/ -t-**a**/ -t-**um**	puls-**us**/ -s-**a**/ -s-**um**

Gerundium	ā-Konjugation	ē-Konjugation	ī-Konjugation	ĭ-Konjugation	Konsonantische Konjugation
AKTIV	amá-ndĭ *usw.*	moné-ndĭ *usw.*	vinci-éndĭ *usw.*	capi-éndĭ *usw.*	pell-éndĭ *usw.*
Gerundivum	ā-Konjugation	ē-Konjugation	ī-Konjugation	ĭ-Konjugation	Konsonantische Konjugation
PASSIV	amá-ndus/ -a/ -um	moné-ndus/ -a/ -um	vinci-éndus/ -a/ -um	capi-éndus/ -a/ -um	pell-éndus/ -a/ -um

VERB

VII

Stammformen – Perfekt-Bildung

1 Perfekt-Bildung mit -v-

ā-Konjugation

amō   amāvĭ   amātum   amāre   lieben, verliebt sein
Ebenso bilden die meisten Verben der ā-Konjugation die Perfektformen.

ē-Konjugation

dēleō   dēlēvĭ   dēlētum   dēlēre   zerstören, vernichten
fleō   flēvĭ   flētum   flēre   weinen, beklagen

i-Konjugation

audiō   audivĭ   audītum   audīre   hören, zuhören, anhören
Ebenso bilden die meisten Verben der ī-Konjugation die Perfektformen.
sepeliō   sepelĭvĭ   sepultum   sepelīre   begraben, bestatten

Konsonantische Konjugation

co|gnōscō   cognōvi   cógnitum   cognōscere   erkennen, bemerken; kennen lernen
petō   petivĭ   petītum   petere   aufsuchen; angreifen, haben wollen; verlangen, bitten
 ré|petō   repetivĭ   repetītum   repetere   zurückverlangen; wiederholen
quaerō   quaesivĭ   quaesītum   quaerere   suchen, erwerben; (*ex/ab aliquō:*) (*jmdn.*) fragen
 con|quirō   conquisivĭ   conquisītum   conquirere   zusammensuchen, aufspüren
 ex|quirō   exquisivĭ   exquisītum   exquirere   untersuchen; herausfinden
 in|quirō   inquisivĭ   inquisītum   inquirere   untersuchen, nachforschen
sinō   sivĭ   situm   sinere   lassen, zulassen
 dé|sinō   dēsiĭ   dēsitum   dēsinere   ablassen, aufhören

ĭ-Konjugation

cupiō   cupivĭ   cupītum   cupere   begehren, verlangen, wünschen

2 Perfekt-Bildung mit -u-

ē-Konjugation

moneō   monuĭ   monitum   monēre   mahnen, auffordern; erinnern; warnen
Ebenso bilden die meisten Verben der ē-Konjugation die Perfektformen.
doceō   docuĭ   doctum   docēre   lehren, unterrichten, erklären
teneō   tenuĭ   –   tenēre   halten, festhalten
 attineō   attinuĭ   attentum   attinēre   aufhalten, festhalten; sich erstrecken
 con|tineō   continuĭ   –   continēre   zusammenhalten, festhalten; enthalten

i-Konjugation

aperiō   aperuĭ   apertum   aperīre   öffnen, aufdecken

Konsonantische Konjugation

colō	coluī	cultum	colere	bebauen; bewohnen; pflegen, verehren
íncolō	incoluī	incultum	incolere	wohnen, bewohnen
pōnō	posuī	positum	pōnere	stellen, setzen, legen
antepōnō	anteposuī	antepositum	antepōnere	voranstellen; vorziehen
dēpōnō	dēposuī	dēpositum	dēpōnere	ablegen, niederlegen; aufgeben
dis|pōnō	disposuī	dispositum	dispōnere	verteilen, aufstellen, ordnen
im|pōnō	imposuī	impositum	impōnere	hineinsetzen, -legen; auferlegen
prō|pōnō	prōposuī	prōpositum	prōpōnere	vorlegen, vorschlagen, in Aussicht stellen; voranstellen
repōnō	reposuī	repositum	repōnere	zurücklegen, (wieder) hinlegen
dis|serō	disseruī	dissertum	disserere	erörtern, sprechen (*über*)
cón|sulō	cōnsuluī	cōnsultum	cōnsulere	(*m. Akk.:*) um Rat fragen; beratschlagen (*mit*); (*m. Dat.:*) sorgen (*für*)

ǐ-Konjugation

rapiō	rapuī	raptum	rapere	rauben, fortreißen

3 Perfekt-Bildung mit -s-

ē-Konjugation

augeō	auxī	auctum	augēre	vergrößern, vermehren, fördern
iubeō	iussī	iussum	iubēre (*m. Akk.*)	beauftragen, befehlen
lūceō	lūxī	–	lūcēre	leuchten, strahlen
maneō	mānsī	–	manēre	bleiben, warten (*auf*), erwarten
rīdeō	rīsī	rīsum	rīdēre	lachen, auslachen

ǐ-Konjugation

vinciō	vīnxī	vīnctum	vincīre	binden, fesseln

Konsonantische Konjugation

cēdō	cessī	–	cēdere	(weg)gehen; nachgeben; Platz machen
con|cēdō	concessī	concessum	concēdere	zugestehen, einräumen; erlauben
excēdō	excessī	excessum	excēdere	heraus-, hinausgehen; weggehen
recēdō	recessī	recessum	recēdere	zurückweichen, sich zurückziehen
claudō	clausī	clausum	claudere	schließen, absperren
dīcō	dīxī	dictum	dīcere	sagen, reden, nennen, benennen
ē|dīcō	ēdīxī	ēdictum	ēdīcere	bekannt machen, verkünden, anordnen
dūcō	dūxī	ductum	dūcere	führen, ziehen; halten für; (*uxōrem*) heiraten
ad|dūcō	addūxī	adductum	addūcere	heranführen; veranlassen
fīgō	fīxī	fīxum	fīgere	heften, befestigen
flectō	flexī	flexum	flectere	biegen, beugen, wenden
gerō	gessī	gestum	gerere	tragen; ausführen, vollziehen
con|iungō	coniūnxī	coniūnctum	coniungere	verbinden, anschließen
laedō	laesī	laesum	laedere	verletzen, stoßen
dī́|ligō	dīlēxī	dīlēctum	dīligere	lieben, schätzen
intél|legō	intellēxī	intellēctum	intellegere	erkennen, einsehen, verstehen
nég|legō	neglēxī	neglēctum	neglegere	sich (*um etw.*) nicht kümmern, gering schätzen, übersehen
lūdō	lūsī	lūsum	lūdere	spielen, sich vergnügen
mittō	mīsī	missum	mittere	schicken; gehen lassen, entlassen; werfen
ā|mittō	āmīsī	āmissum	āmittere	aufgeben; verlieren
com|mittō	commīsī	commissum	committere	zustande bringen; anvertrauen
dī|mittō	dīmīsī	dīmissum	dīmittere	entlassen, gehen lassen; aufgeben
prae|mittō	praemīsī	praemissum	praemittere	vorausschicken
prō|mittō	prōmīsī	prōmissum	prōmittere	versprechen
re|mittō	remīsī	remissum	remittere	zurückschicken, loslassen; vermindern; nachlassen
pingō	pīnxī	pictum	pingere	zeichnen, malen, bemalen
plaudō	plausī	plausum	plaudere	Beifall klatschen
óp|primō	oppressī	oppressum	opprimere	unterdrücken; überfallen, überwältigen

regō	rēxī	rēctum	regere	lenken, leiten, beherrschen
cór|rigō	corrēxī	corrēctum	corrigere	berichtigen, verbessern
pergō	perrēxī	perrēctum	pergere	weitermachen, fortfahren
scrībō	scrīpsī	scriptum	scribere	schreiben, verfassen
tegō	tēxī	tēctum	tegere	decken, bedecken
trahō	trāxī	tractum	trahere	ziehen, schleppen
cón|trahō	contrāxī	contractum	contrahere	zusammenziehen, einengen, sammeln
vādō	–	–	vādere	gehen, schreiten
ē|vādō	ēvāsī	–	ēvādere	herausgehen, entkommen
in|vādō	invāsī	invāsum	invādere	eindringen, angreifen; befallen
vehō	vēxī	vectum	vehere	tragen, bringen, ziehen
vīvō	vīxī	–	vīvere	leben

ĭ-Konjugation

a|spiciō	aspexī	aspectum	aspicere	ansehen, erblicken
dē|spiciō	dēspexī	dēspectum	dēspicere	herabsehen; verachten, gering schätzen
re|spiciō	respexī	respectum	respicere	zurückschauen, berücksichtigen

4 Perfekt-Bildung durch Dehnung

ā-Konjugation

iuvō	iūvī	iūtum; iuvātūrus	iuvāre (m. Akk.)	unterstützen, helfen

ē-Konjugation

caveō	cāvī	cautum	cavēre (m. Akk.)	sich in Acht nehmen, sich hüten (vor)
moveō	mōvī	mōtum	movēre	bewegen, erregen; beeinflussen, veranlassen
sedeō	sēdī	sessum	sedēre	sitzen
pos|sideō	possēdī	possessum	possidēre	besitzen
videō	vīdī	vīsum	vidēre	sehen

ī-Konjugation

veniō	vēnī	ventum	venīre	kommen
ad|veniō	advēnī	adventum	advenīre	ankommen, herankommen
con|veniō	convēnī	conventum	convenīre	zusammenkommen, -passen; sich einigen; zustande kommen; sich ereignen; (m. Akk.:) (jmdn.) treffen
é|venit	ēvēnit	ēventum	ēvenīre	sich ereignen, geschehen; eintreten, in Erfüllung gehen
in|veniō	invēnī	inventum	invenīre	finden, erfinden

Konsonantische Konjugation

agō	ēgī	āctum	agere	treiben, betreiben; handeln, verhandeln
cōgō	coēgī	coāctum	cōgere	sammeln; zwingen
pér|agō	perēgī	perāctum	peragere	durchführen; verbringen
frangō	frēgī	frāctum	frangere	brechen, verletzen, schwächen
legō	lēgī	lēctum	legere	lesen; sammeln
re|linquō	relīquī	relictum	relinquere	zurücklassen, hinterlassen, verlassen
vincō	vīcī	victum	vincere	siegen, besiegen

ĭ-Konjugation

capiō	cēpī	captum	capere	fassen, ergreifen; erobern
ac|cipiō	accēpī	acceptum	accipere	annehmen, empfangen; erfahren
in|cipiō	coepī	coeptum	incipere	anfangen, beginnen
prae|cipiō	praecēpī	praeceptum	praecipere	vorwegnehmen; vorschreiben, anordnen
faciō	fēcī	factum	facere	tun, machen, herstellen
af|ficiō	affēcī	affectum	afficere (m. Abl.)	versehen (mit), ausstatten (mit); (m. Akk. und Abl.:) (jmdm. etw.) zufügen
ef|ficiō	effēcī	effectum	efficere	bewirken, durchsetzen
inter|ficiō	interfēcī	interfectum	interficere	töten
fugiō	fūgī	–	fugere	fliehen, meiden
iaciō	iēcī	iactum	iacere	werfen, schleudern
prō|iciō	prōiēcī	prōiectum	prōicere	hinwerfen, preisgeben

5 Perfekt-Bildung mit Reduplikation

ā-Konjugation

dō	dedī	datum	dare	geben
circúm|dō	circúmdedī	circúmdatum	circúmdare	umgeben, umzingeln
stō	stetī	–	stāre	stehen
cōn|stat	cōnstitit	–	–	es ist bekannt, es steht fest; (*m. AcI:*) bekanntlich

ē-Konjugation

re|spondeō	respondī	respōnsum	respondēre	antworten, erwidern

ī-Konjugation

re|periō	répperī	repertum	reperīre	wieder finden, finden

Konsonantische Konjugation

cadō	cécidī	–	cadere	fallen
caedō	cecīdī	caesum	caedere	fällen, niederhauen; schlagen, zusammenhauen
oc|cīdō	occīdī	occīsum	occīdere	niederschlagen, töten
crēdō	crédidī	créditum	crēdere	glauben; anvertrauen
currō	cucurrī	cursum	currere	laufen, rennen
con|dō	cóndidī	cónditum	condere	gründen; aufbewahren; bestatten
ē|dō	édidī	éditum	ēdere	herausgeben, verbreiten, hervorbringen
per|dō	pérdidī	pérditum	perdere	vernichten; verlieren
prō|dō	prődidī	prőditum	prōdere	preisgeben, verraten; überliefern
red|dō	réddidī	rédditum	reddere	zurückgeben; machen (*zu*)
trā|dō	trádidī	tráditum	trādere	übergeben, überliefern
parcō	pepercī	–	parcere (*m. Dat.*)	(*jmdn.*) schonen; (*an/mit etw.*) sparen
pellō	pepulī	pulsum	pellere	treiben, schlagen; vertreiben
cōn|sistō	cőnstitī	–	cōnsistere	sich hinstellen; bestehen (*aus*)
existō	éxstitī	–	exsistere	hervortreten, auftreten, entstehen
re|sistō	réstitī	–	resistere	Widerstand leisten
con|tendō	contendī	contentum	contendere	(„sich anstrengen":); eilen; kämpfen; behaupten, darauf bestehen
intendō	intendī	intentum	intendere	anspannen; anstrengen; beabsichtigen
os|tendō	ostendī	ostentum	ostendere	zeigen, in Aussicht stellen

6 Perfekt-Bildung ohne Veränderung des Präsens-Stammes

Konsonantische Konjugation

arguō	arguī	argūtum	arguere	darlegen; (*m. Gen.:*) (*wegen etw.*) beschuldigen
dē|fendō	dēfendī	dēfēnsum	dēfendere	verteidigen, abwehren
minuō	minuī	minūtum	minuere	verringern, vermindern
com|prehendō	comprehendī	comprehēnsum	comprehendere	ergreifen, fassen, erfassen; begreifen
re|prehendō	reprehendī	reprehēnsum	reprehendere	tadeln
dē|scendō	dēscendī	dēscēnsum	dēscendere	herabsteigen, herabkommen
solvō	solvī	solūtum	solvere	lösen; befreien; zahlen
ab|solvō	absolvī	absolūtum	absolvere	loslösen; freisprechen; vollenden
statuō	statuī	statūtum	statuere	aufstellen; festsetzen, beschließen
cōn|stituō	cōnstituī	cōnstitūtum	cōnstituere	festsetzen, beschließen
īn|stituō	īnstituī	īnstitūtum	īnstituere	einrichten, beginnen; beabsichtigen; unterrichten
tribuō	tribuī	tribūtum	tribuere	zuteilen, zuweisen; erweisen
dis|tribuō	distribuī	distribūtum	distribuere	verteilen, einteilen
vertō	vertī	versum	vertere	wenden, drehen, kehren
volvō	volvī	volūtum	volvere	wälzen, rollen

7 Perfekt-Bildung mit verschiedenen Stämmen

tollō	sústulī	sublātum	tollere	heben; aufheben, beseitigen, beenden

DEPONENS

KONJUGATIONEN
Präsens-Stamm

VIII₁

		ā-Konjugation	ē-Konjugation	ī-Konjugation (langvokalisch)	ĭ-Konjugation (kurzvokalisch)	Konsonantische Konjugation
	Infinitiv					
		ermahnen hortā-rī	*fürchten* verē-rī	*sich bemächtigen* potī-rī	*sterben* morī	*folgen* sequ-ī
Präsens	Indikativ					
	ich er-mahne, …	hortor hortā-ris hortā-tur hortā-mur hortā-minī horta-ntur	vere-or verē-ris verē-tur verē-mur verē-minī vere-ntur	potī-or potī-ris potī-tur potī-mur potī-minī poti-*untur*	mori-or móre-ris móri-tur móri-mur mori-minī mori-*untur*	sequ-or séqu-*eris* séqu-*itur* séqu-*imur* sequ-*iminī* sequ-*untur*
	Konjunktiv					
		hort-**er** hort-**ēris** *usw.* ↗ *Tab. VI₁.₂* am-**er**	vere-**ar** vere-**āris** *usw.* ↗ *Tab. VI₁.₂* mone-**ar**	potī-**ar** potī-**āris** *usw.* ↗ *Tab. VI₁.₂* vinci-**ar**	mori-**ar** mori-**āris** *usw.* ↗ *Tab. VI₁.₂* capi-**ar**	sequ-**ar** sequ-**āris** *usw.* ↗ *Tab. VI₁.₂* pell-**ar**
Imperfekt	Indikativ					
	ich er-mahnte, …	hortā-**bar** hortā-**bāris** *usw.* ↗ *Tab. VI₁.₂* amā-**bar**	verē-**bar** verē-**bāris** *usw.* ↗ *Tab. VI₁.₂* monē-**bar**	potī-*ē***bar** potī-*ē***bāris** *usw.* ↗ *Tab. VI₁.₂* vinci-ē**bar**	mori-*ē***bar** mori-*ē***bāris** *usw.* ↗ *Tab. VI₁.₂* capi-ē**bar**	sequ-*ē***bar** sequ-*ē***bāris** *usw.* ↗ *Tab. VI₁.₂* pell-ē**bar**
	Konjunktiv					
		hortā-**rer** hortā-**rēris** *usw.* ↗ *Tab. VI₁.₂* amā-**rer**	verē-**rer** verē-**rēris** *usw.* ↗ *Tab. VI₁.₂* monē-**rer**	potī-**rer** potī-**rēris** *usw.* ↗ *Tab. VI₁.₂* vinci-**rer**	móre-**rer** more-**rēris** *usw.* ↗ *Tab. VI₁.₂* cápe-**rer**	séqu-*e***rer** sequ-*e***rēris** *usw.* ↗ *Tab. VI₁.₂* péll-*e***rer**
Futur I	Indikativ					
	ich werde ermahnen, …	hortā-**bor** hortā-**beris** *usw.* ↗ *Tab. VI₁.₂* amā-**bor**	verē-**bor** verē-**beris** *usw.* ↗ *Tab. VI₁.₂* monē-**bor**	poti-**ar** poti-**ēris** *usw.* ↗ *Tab. VI₁.₂* vinci-**ar**	mori-**ar** mori-**ēris** *usw.* ↗ *Tab. VI₁.₂* capi-**ar**	sequ-**ar** sequ-**ēris** *usw.* ↗ *Tab. VI₁.₂* pell-**ar**
	Imperativ					
	ermahne! *ermahnt!*	hortā-re! hortā-minī!	verē-re! verē-minī!	potī-re! potī-minī!	móre-re! mori-minī!	séqu-ere! sequ-*i*minī!

85

DEPONENS

KONJUGATIONEN
Partizip-Perfekt-Stamm der Deponention

		Indikativ			Komjunktiv	
		Perfekt	**Plusquam-perfekt**	**Futur II**	**Perfekt**	**Plusquam-perfekt**
ich habe ermahnt/ ermahnte, …	hortātus/ -a vérĭtus/ -a potĭtus/ -a mórtuus/ -a secūtus/-a/-um	sum es est	eram erās erat	erō eris erit	sim sīs sit	essem essēs esset
	hortātī̆/ -ae vérĭtī̆/ -ae potī̆tī̆/ -ae mórtuī̆/ -ae secūtī̆/-ae/-a	sumus estis sunt	erāmus erātis erant	erimus eritis erunt	sīmus sītis sint	essēmus essētis essent

DEPONENS
Nominalformen

Infinitiv					
Präsens	hortā-rī̆	verē-rī̆	poti-rī̆	morī̆	sequī̆
Perfekt	hortāt-um/-am esse	vérit-um/-am esse	potĭt-um/-am esse	mortu-um/-am esse	secūt-um/-am esse
Futur	hortāt-ūrum/-am esse	verit-ūrum/-am esse	potī̆t-ūrum/-am esse	morit-ūrum/-am esse	secūt-ūrum/-am esse
Partizip					
Präsens	hortā-ns/-ntis	verē-ns/-ntis	poti-ēns/-ntis	mori-ēns/-ntis	sequ-ēns/-ntis
Perfekt	hortāt-us/-a/-um	vérit-us/-a/-um	potĭt-us/-a/-um	mortu-us/-a/-um	secūt-us/-a/-um
Futur	hortāt-ūrus/-a/-um	verit-ūrus/-a/-um	potĭt-ūrus/-a/-um	morit-ūrus/-a/-um	secūt-ūrus/-a/-um
Gerundium					
	horta-ndī̆ *usw.*	vere-ndī̆ *usw.*	poti-endī̆ *usw.*	mori-endī̆ *usw.*	sequ-endī̆ *usw.*
Gerundivum					
	horta-ndus/-a/-um	vere-ndus/-a/-um	poti-endus/-a/-um	mori-endus/-a/-um	sequ-endus/-a/-um

DEPONENTIEN

Stammformen

ā-Konjugation

arbitror	arbitrātus sum	arbitrārī	meinen, glauben

Ebenso bilden die anderen Deponentien der ā-Konjugation das Perfekt.

ē-Konjugation

fateor	fassus sum	fatērī	gestehen, bekennen
cōn|fiteor	cōnfessus sum	cōnfitērī	gestehen, bekennen
tueor	–	tuērī	betrachten; (be-)schützen
vereor	veritus sum	verērī	sich scheuen, fürchten; verehren
videor	vīsus sum	vidērī	scheinen, gelten (als)

ī-Konjugation

mentior	mentītus sum	mentīrī	lügen
potior	potītus sum	potīrī (m. Abl. oder Gen.)	sich bemächtigen, in seine Gewalt bekommen

Konsonantische Konjugation

pro|ficīscor	profectus sum	proficīscī	aufbrechen, abreisen, reisen
īrāscor	–	īrāscī	zornig werden, zornig sein
loquor	locūtus sum	loquī	sprechen, reden
col|loquor	collocūtus sum	colloquī	sich unterhalten
sequor	secūtus sum	sequī (m. Akk.)	folgen, befolgen
ūtor	ūsus sum	ūtī (m. Abl.)	(etw.) benützen, gebrauchen
vehor	vectus sum	vehī	fahren, reiten

ĭ-Konjugation

re|gredior	regressus sum		régredī	zurückgehen
morior	mortuus sum	moritūrus (Part. Fut. Akt.)	morī	sterben

SEMIDEPONENTIEN[1]

ē-Konjugation

audeō	ausus sum	audēre	wagen
gaudeō	gāvīsus sum	gaudēre	sich freuen
soleō	sólitus sum	solēre	gewohnt sein, pflegen

---

[1] Semideponentien sind „Halbdeponentien" (semi- = halb; vgl. Semifinale/Halbfinale).

UNREGELMÄSSIGE VERBEN

X₁.₁

	ESSE			POSSE			IRE		
	Präsens	**Imperfekt**	**FuturI**	**Präsens**	**Imperfekt**	**FuturI**	**Präsens**	**Imperfekt**	**FuturI**
Indikativ	s-*um*	ér-am	ér-ō	pos-sum	pót-eram	pót-erō	e-ō	ī-bam	ī-bō
	es	ér-ās	ér-*is*	pot-es	pót-erās	pót-eris	ī-s	ī-bās	ī-b*is*
	es-t	ér-at	ér-*it*	pot-est	pót-erat	pót-erit	i-t	ī-bat	ī-b*it*
	s-*umus*	er-ámus	ér-*imus*	pos-sumus	pot-erámus	pot-érimus	ī-mus	ī-bámus	ī-b*imus*
	es-tis	er-átis	ér-*itis*	pot-estis	pot-erátis	pot-éritis	ī-tis	ī-bátis	ī-b*itis*
	s-*unt*	ér-ant	ér-*unt*	pos-sunt	pót-erant	pót-erunt	e-*unt*	ī-bant	ī-b*unt*
Konjunktiv	s-im	és-sem	**Imperativ**	pos-sim	pos-sem		e-am	ī-rem	**Imperativ**
	s-īs	és-sēs		pos-sīs	pos-sēs		e-ās	ī-rēs	
	s-it	és-set	es!	pos-sit	pos-set		e-at	ī-ret	ī!
	s-īmus	es-sémus	es-te!	pos-símus	pos-sémus		e-ámus	ī-rémus	ī-te!
	s-ītis	es-sétis		pos-sítis	pos-sétis		e-átis	ī-rétis	
	s-int	és-sent	**Part. Fut.**	pos-sint	pos-sent		e-ant	ī-rent	**Part. Fut. A.**
			futūrus/ -a/ -um				**Part. Präs.**	**Gd.**	itūrus/ -a/-um
								e-*und*ī	
							i-*ēn*s,	**Gdv.**	
							e-*unt*is	e-*und*us/ -a/-um	

Perfekt

fu-ī

Perfekt

potu-ī

Perfekt

i-ī
ī-sti/ī-stis
īsse

X₁.₂

	VELLE			NOLLE		
	Präsens	**Imperfekt**	**FuturI**	**Präsens**	**Imperfekt**	**FuturI**
Indikativ	vol-ō	vol-ēbam	vol-am	nōl-ō	nōl-ēbam	nōl-am
	vī-s	vol-ēbās	vol-ēs	nōn vīs	nōl-ēbās	nōl-ēs
	vul-t	vol-ēbat	vol-et	nōn vult	nōl-ēbat	nōl-et
	vól-*umus*	*usw.*	*usw.*	nōl-*umus*	*usw.*	*usw.*
	vul-tis			nōn vultis		
	vol-*unt*			nōl- *unt*		
Konjunktiv	vel-im	vel-lem		nōl-im	nōl-lem	**Imperativ**
	vel-īs	vel-lēs		nōl-īs	nōl-lēs	
	vel-it	vel-let		nōl-it	nōl-let	nōl-ī!
	vel-īmus	*usw.*		nōl-īmus	*usw.*	nōlī-te!
	vel-ītis			nōl-ītis		
	vel-int			nōl-int		
	Partizip Präsens	**Perfekt**		**Partizip Präsens**	**Perfekt**	
	vol-ēns, vol-*ent*is	**volu-ī**		nōl-ēns, nōl-*ent*is	**nōlu-ī**	

ESSE UND KOMPOSITA

sum	fuī	futūrus	esse	sein
ab|sum	āfuī	(āfutūrus)	abesse	abwesend sein, entfernt sein, fehlen
ad|sum	affuī	(affutūrus)	adesse	anwesend sein; *(m. Dat.:)* beistehen
inter|sum	interfuī	–	interesse	dazwischen sein, *(m. Dat.:)* teilnehmen *(an)*
prae|sum	praefuī	(praefutūrus)	praeesse *(m. Dat.)*	an der Spitze *(von etw.)* stehen; *(etw.)* leiten
prō|sum	prōfuī	(prōfutūrus)	prōdesse	nützen, nützlich sein

IRE UND KOMPOSITA

eō	iī	itum	īre	gehen
ab|eō	abiī	abitum	abīre	weggehen, abtreten
ad|eō	adiī	aditum	adīre	herangehen, aufsuchen; angreifen
ex|eo	exiī	exitum	exīre	hinausgehen, ausrücken
per|eō	periī	peritum	perīre	zugrunde gehen, umkommen
red|eō	rediī	reditum	redīre	zurückgehen, zurückkehren

UNREGELMÄSSIGE VERBEN

AKTIV	FERRE				PASSIV	FERRI	
	Präsens	Imperfekt	FuturI	Imperativ	Präsens	Imperfekt	FuturI
Indikativ	fer-ō fer-s fer-t	fer-ēbam fer-ēbās fer-ēbat	fer-am fer-ēs fer-et	fer!	fer-or fer-ris fer-tur	fer-ēbar fer-ēbāris fer-ēbātur	fer-ar fer-ēris fer-ētur
	fér-imus fer-tis fer-unt	fer-ēbāmus fer-ēbātis fer-ēbant	fer-ēmus fer-ētis fer-ent	fer-te!	fér-imur fer-iminī fer-untur	fer-ēbāmur fer-ēbāminī fer-ēbantur	fer-ēmur fer-ēminī fer-entur
Kon-junktiv	fer-am fer-ās fer-at	fer-rem fer-rēs fer-ret			fer-ar fer-āris fer-ātur	fer-rer fer-rēris fer-rētur	
	fer-āmus fer-ātis fer-ant	fer-rēmus fer-rētis fer-rent			fer-āmur fer-āminī fer-antur	fer-rēmur fer-rēminī fer-rentur	

Perfekt

tul-ī **tul-istī** **tulisse**

lāt-us/ -a/ (-um) sum

FERRE – NOMINALFORMEN

Infinitiv	AKTIV	PASSIV	Partizip	AKTIV	PASSIV
Präsens	fer-re	fer-rī	Präsens	fer-ēns, -ntis	–
Perfekt	tul-isse	lāt-um/ -am/ -um esse	Perfekt	–	lāt-us/ -a/ -um
Futur	lāt-ūrum/ -am/ -um esse	–	Futur	lāt-ūrus/ -a/ -um	–
Gerundium	fer-endī *usw.*	–	Gerundivum	–	fer-endus/ -a/ -um

FERRE UND KOMPOSITA

ferō	tulī	lātum	ferre	tragen, bringen; ertragen; berichten
aú|ferō	abstulī	ablātum	auferre	wegtragen, wegbringen; rauben
cṓn|ferō	contulī	collātum	cōnferre	zusammentragen, -bringen; vergleichen
dḗ|ferō	dētulī	dēlātum	dēferre	überbringen; melden, anzeigen
díf|ferō	distulī	dīlātum	differre	aufschieben; sich unterscheiden
ín|ferō	intulī	illātum	īnferre	hineintragen; zufügen; vorbringen
praé|ferō	praetulī	praelātum	praeferre	vorantragen; zeigen; vorziehen
prṓ|ferō	prōtulī	prōlātum	prōferre	hervorbringen, (vor)zeigen

UNREGELMÄSSIGE VERBEN

	FIERI		
	Präsens	**Imperfekt**	**FuturI**
Indikativ	fī-ō	fī-ēbam	fī-am
	fī-s	fī-ēbās	fī-ēs
	fī-t	fī-ēbat	fī-et
	fī-mus	fī-ēbāmus	fī-ēmus
	fī-tis	fī-ēbātis	fī-ētis
	fī-*u*nt	fī-ēbant	fī-ent
Konjunktiv	fī-am	fi-*er*em	
	fī-ās	fi-*er*ēs	
	fī-at	fi-*er*et	
	fī-āmus	fi-*er*ēmus	
	fī-ātis	fi-*er*ētis	
	fī-ant	fi-*er*ent	

FIERI – NOMINALFORMEN

	Infinitiv	Partizip
Präsens	fierī	–
Perfekt	fact-um/ -am/ -um esse	fact-us/ -a/ -um
Futur	fore; fut-ūrum/ -am/ -um esse	fut-ūrus/ -a/ -um

VERBA DEFECTIVA (ANOMALA)

Bei den Verba defectiva ist nur ein Teil der bildbaren Verbformen gebräuchlich.

1. Nur im Perfekt-Stamm wird z.B. verwendet:

ōdī	ōdisse	hassen

2. Nur in wenigen Formen kommen vor:

Präsens		Perfekt	
āiō; ait; āiunt	ich sage; er/sie/es sagt; sie sagen	ait	er/sie/es sagte
inquam; inquit	sage ich; sagt er/sie/es	inquam; inquit	sagte ich; sagte er/sie/es

3. Grußformeln:

Salvē!	Sei gegrüßt!	Avē!	Sei gegrüßt!	Valē!	Lebe wohl!
Salvēte!	Seid gegrüßt!	Avēte!	Seid gegrüßt!	Valēte!	Lebt wohl!

PRÄPOSITIONEN

Präposition	örtlich	zeitlich	übertragen
1. Präpositionen mit Akkusativ			
ad	zu, an, bei; zu … hin	bis zu	zu
ante	vor	vor	–
apud	bei, in der Nähe (von)	–	–
circā/circum	um … herum, ringsum	–	–
extrā	außerhalb	–	–
inter	zwischen, unter	während	–
ob	–	–	wegen
per	durch (… hindurch), über … hin; überall in/auf	durch … hindurch	durch
post	nach, hinter	nach	nach
propter	–	–	wegen
trāns	über (… hinüber)	–	–
2. Präpositionen mit Ablativ			
ā/ab	von … her	seit	von (→ *Passiv*)
dē	von … herab	–	von, über
ē/ex	aus, von … aus	von … an	–
sine	–	–	ohne
prō	vor	–	für, anstelle von
cum	mit	–	(zusammen) mit
sub	unter *(Frage: wo?)*	–	–
3. Präpositionen mit Akkusativ oder Ablativ			
in *(m. Akk.)*	in (… hinein), nach, auf *(Frage: wohin?)*		gegen
in *(m. Abl.)*	in, an, auf *(Frage: wo?)*		–

SYNTAKTISCHE FUNKTIONEN UND FÜLLUNGSARTEN XII

Die einzelnen syntaktischen Erscheinungen erfüllen im Satz verschiedene **Funktionen;** sie können also im Baugerüst des Satzes verschiedene Positionen einnehmen.
Umgekehrt lässt sich sagen: Die einzelnen Positionen des Satzes können von verschiedenartigen syntaktischen Erscheinungen **„gefüllt"** sein **(Füllungsarten)**.
Nachfolgend werden alle wichtigen syntaktischen Erscheinungen der lateinischen Sprache im Schema des **Satzmodells** übersichtich zusammengestellt.

SUBJEKT

im Prädikat enthalten

Substantiv, Pronomen, substantiviertes Adjektiv, Partizip – im **Nominativ**

Subjektsinfinitiv
AcI/NcI als Subjekt

Gliedsatz
– abhängiger Begehr-, abhängiger Fragesatz
– Relativsatz
– Erläuterungssarz

PRÄDIKAT

Prädikatsnomen	Verbum finitum
	Verb
Adjektiv, Substantiv, Pronomen, Partizip – im **Nominativ**	*esse* als Copula
Gerundivum-N	
Genitiv (pretii) **Dativ** (possessoris, finalis) **Ablativ** (qualitatis)	

OBJEKT

Genitvobjekt
Dativobjekt
Akkusativobjekt
Ablativobjekt

Präpositional Objekt

Objektivsinfinitiv

AcI als Objekt

Gliedsatz
– abhängiger Begehr-, abhängiger Fragesatz
– Relativsatz

Gerundivum

Gerundivum-V (bei Dativ)

ADVERBIALE

Adverb

Genitiv (criminis, pretii)
Dativ (crommodi, finalis, auctoris)
Akkusativ (Richtung, zeitl. Dauer)
Ablativ (instrumentalis, separativus, punctualis)

Präpositionale Verbindung

Praedicativum (Adjektiv, Substantiv)

Participium coniunctum/ Ablativus absolutus

Gliedsatz als Adverbiale (Adverbialsatz)

Gerundium
Gerundivum-V

ATTRIBUT

Nomen: Adjektiv, Pronomen, Numerale, Substantiv im Genitiv/ Ablativ; Substantiv im Nominativ (Apposition); Partizip, Gerundium, Gerundivum-V

Relativsatz als Attribut (Attributsatz)

Sachverzeichnis

Suchhinweis: Die römische Ziffer (I–IV) verweist auf den Block (s. Kopfleiste), der Großbuchstabe (A, B, C) auf den Blockteil (s. Kopfleiste), die arabische Ziffer (1, 2, …) und der Kleinbuchstabe (a, b, …) auf die Untergliederung des Blockteils, z. B.: III B 1.2c = S. 50.